Prof. Dr. med. Josef Rötzer
Elisabeth Rötzer
Natürliche Empfängnisregelung

Hinweise zum Gebrauch des Buches

Sie möchten sofort mit der Natürlichen Empfängnisregelung beginnen: Dann lesen Sie zuerst ab Seite 12 nur die „roten Seiten" und Sie erhalten anhand dieser Tabellen 1 bis 8 alle erforderlichen Anleitungen. Es ist nicht notwendig, zuerst das ganze Buch zu lesen.

Anhand Ihrer Beobachtungen werden Sie langsam und tageweise durch den „Regelmonat" – durch Ihren Zyklusablauf – geführt. Die wichtigsten Hinweise für die Anfängerin sind mit ▶ gekennzeichnet.

Beachten Sie bitte schon zu Beginn den Anhang B (Bekleidung, Intimhygiene) ab Seite 123. Wenn dann weitere Fragen auftreten sollten, können Sie den Rest des Buches mit Gewinn lesen.

Prof. Dr. med. Josef Rötzer
Elisabeth Rötzer

Natürliche Empfängnisregelung

Die sympto-thermale Methode –
gesund, sicher, partnerschaftlich

HERDER

FREIBURG · BASEL · WIEN

Die Informationen der vorliegenden Ausgabe wurden wissenschaftlich nach bestem Wissen und Gewissen aufgearbeitet. Eine Haftung hierfür wird jedoch nicht übernommen.

Überarbeitete Neuausgabe 2021

Verlag Herder GmbH, Freiburg im Breisgau 1996
Hermann-Herder-Straße 4, 79104 Freiburg
Alle Rechte vorbehalten
www.herder.de

Bei Fragen zur Produktsicherheit wenden Sie sich an
produktsicherheit@herder.de

Satz: Röser MEDIA GmbH & Co. KG, Karlsruhe
Herstellung: PB Tisk, a.s., Příbram

Printed in the Czech Republic

ISBN Print 978-3-451-60097-5
ISBN E-Book 978-3-451-82128-8

Inhalt

Dieses Buch soll bei Ihnen zu Hause immer zur Verfügung sein, damit Sie bei auftretenden Fragen sofort nachlesen können. Überhaupt sollten Sie das Buch immer wieder zur Hand nehmen und einige Seiten darin lesen.

Vorwort zur neuen Auflage 2021

Als 1965 die Natürliche Empfängnisregelung (NER) – sympto-thermale Methode Rötzer – in einem Sachbuch für Ehepaare aufgelegt worden ist – damals noch unter dem Titel „Kinderzahl und Liebesehe" –, konnte nicht vorausgesehen werden, dass 2021 die 48. Auflage des Sachbuches erscheinen würde. Mein Vater, Josef Rötzer, legte von Beginn an Wert auf die Zusammenarbeit mit vielen Mitarbeiterinnen und Mitarbeitern. So beinhaltet jede neue Überarbeitung des Buches auch wertvolle Anregungen vieler Ehepaare, die NER als ihren Weg erkannt haben, ihre Aufzeichnungen zur Verfügung stellten und mithalfen, Feinheiten zu klären. Mein besonderer Dank gilt Frau Dr. Barbara M. Sauberer für die sorgsame Überarbeitung und Korrektur der vorliegenden Auflage. Ihrer wertvollen Mitarbeit ist es zu verdanken, dass diese Neuauflage geglückt ist. Danken möchte ich auch Günther Oberngruber für die neue Erstellung der Buchtabellen sowie dem Direktorium, dem Vorstand und allen Mitgliedern des Institutes für Natürliche Empfängnisregelung (INER) Prof. Rötzer e. V. Ohne sie wäre die Weiterführung des Lebenswerkes meines Vaters nicht möglich.

Elisabeth Rötzer

Vorwort unter besonderer Berücksichtigung der medizinisch-gynäkologischen Aspekte

Mittlerweile sind 400.000 Zyklen bei mehr als 8.000 Frauen beobachtet und ausgewertet worden. Dies bestätigt wesentlich die sehr hohe Verlässlichkeit der Natürlichen Empfängnisregelung (NER) – die sympto-thermale Methode (STM) nach Rötzer. Beeindruckt bin ich persönlich jeweils von den INER-Kongressen durch die akribische Art und Weise der Zyklusauswertung, die mit ihrer Präzision wesentlich die Sicherheit der STM beeinflussen dürfte.

Die Pionierarbeit von Prof. Rötzer kann nicht hoch genug eingeschätzt werden. Handelt es sich bei seiner Entdeckung doch nicht um eine Kontrazeptionsmethode, sondern um eine Lebenshaltung. Sie kann nicht nur zur Vermeidung einer Schwangerschaft eingesetzt werden, sondern auch bei bestehendem Kinderwunsch. Das alleine schon lässt das Wort „*partnerschaftlich*" im Untertitel des Buches gerechtfertigt erscheinen. Sollte kein Kinderwunsch vorliegen, kann durch die NER auf gesundheitsschädliche Kontrazeptiva verzichtet werden. Auch stellt sich dann nicht das Problem der Nidationshemmung wie bei etlichen Kontrazeptionsmethoden.

Dieser partnerschaftliche Charakter wird eindrücklich bestätigt durch die Ergebnisse einer neueren Studie, Rhomberg-Studie[7]* genannt, die zeigt, dass Paare, die NER nach Rötzer leben, lediglich eine Scheidungsrate von 3 Prozent aufweisen; Paare ohne NER beziehungsweise mit kontrazeptiven Methoden bewegen sich gemäß verschiedener Quellen um 48 Prozent Scheidungen! Die periodische Enthaltsamkeit bei der STM, die vielfach als nicht lebbar bezeichnet wird, wurde von 82 Prozent der Befragten positiv beurteilt. Ebenso untermauert eine von INER initiierte internationale Studie, Unseld-Studie[44] genannt, diese Ergebnisse. Hier bestätigt sich die Bedeutung der Involvierung des Partners in das Geschehen der NER.

Neben dieser partnerschaftlichen Bedeutung stechen weitere Merkmale der STM hervor: Sie betreffen *gesundheitliche und medizinische Aspekte* der Frau und damit unserer Gesellschaft. Schon früh hat Prof. Rötzer auch auf diese Fakten hingewiesen.

Die Zyklusbeobachtung ist eine unabdingbare Voraussetzung, ja Basis für die *Abklärung beispielsweise der Unfruchtbarkeit*. Die Zyklusaufzeichnungen liefern Anhaltspunkte für die Normalität eines Zyklus, aber auch Abweichungen von dieser Normalität. Dabei ist es wichtig, den *persönlichen Zyklus* jeder Frau zu berücksichtigen und zu beurteilen. Lehrbuchzyklen von ca. 28 Tagen beruhen auf statistischen Vorgaben, sind aber nicht für jede einzelne Frau aussagekräftig. Die Zyklen der Frauen lassen sich eben nicht in 28-Tage-Schemata einpassen. So können auch kurze Zyklen mit normaler Temperaturhochlage normal und fruchtbar sein, ebenso lange Zyklen mit normaler Temperaturhochlage. Berücksichtigt man dies, so erübrigen sich häufig voreilige zusätzliche und vielfach kostspielige Abklärungen und Behandlungen. Allein schon die Wissensvermittlung der fruchtbaren Tage, insbesondere durch die Zervixschleimbeobachtung und -beachtung, hat schon sehr häufig zum Eintreten einer Schwangerschaft geführt.

So kann auch andrerseits eine deutlich verkürzte Temperaturhochlage als Hinweis auf eine *Lutealinsuffizienz (Gelbkörperschwäche)* dienen.

Ein wichtiger Aspekt ist die Bestimmung des Geburtstermins, der besonders bei langen Zyklen mit spätem Eisprung oft Probleme bereitet. Hier versagt die Naegele-Regel, hingegen kann die Konzeption mit Hilfe von Zyklusaufzeichnun-

---

* Die hochgestellten Ziffern beziehen sich auf das Literaturverzeichnis Seite 131 ff.

gen genau ermittelt werden. Damit können unnötige Geburtseinleitungen mit dem Risiko von Frühgeburten vermieden werden. Dies hat auch in Zeiten des Ultraschalls seine Bedeutung.

Aufgrund der *persönlichen Zyklen* lassen sich sodann auch gezielte *zyklusgerechte* Hormonbestimmungen und -behandlungen ableiten. Diese ergeben zudem bessere Ergebnisse und können die Abklärungs-, teils auch Therapiedauer erheblich verkürzen.

Dasselbe gilt für die *medizinischen Aspekte* der Zyklusbeobachtung. Auch hier gilt es, den persönlichen Zyklus der Frau zu beachten. Eine auf den ersten Blick als pathologisch eingestufte *Polymenorrhoe (häufige Blutungen)* kann durch kurze biphasische Zyklen vorgetäuscht werden, ebenso wie eine *Oligomenorrhoe (lange Blutungsabstände, also seltene Blutungen)* durch lange biphasische Zyklen. Sollten Hormonbestimmungen erforderlich werden, können diese ebenfalls wieder zyklusgerecht vorgenommen werden. Falls nötig, kann auch ein zyklusgerechter Einsatz von natürlichen Progesteronpräparaten erfolgen und nicht nach einem starren Schema, das dem Zyklus in keiner Weise entspricht.

Im Weiteren kann ein länger bestehender *Hyperöstrogenismus* durch die Zyklusbeobachtung erkannt werden. Der Charakter des Zervixschleims und das Fehlen eines biphasischen Zyklus sowie ein pathologisches Blutungsmuster sind Hinweise darauf. So kann die Entstehung eines *Endometriumkarzinoms* frühzeitig entdeckt und unter Umständen verhindert werden, möglicherweise durch rechtzeitigen zyklusgerechten Einsatz von Progesteron.

Aufgrund der Beobachtung des Zervixschleims kann die sensibilisierte Frau rasch Qualitätsunterschiede dieses Schleims erkennen und sich zur weiteren Diagnostik mit entsprechender Therapie bei ihrem Arzt melden, beispielsweise bei Verdacht auf eine Zervizitis (Gebärmutterhalsentzündung).

Zusammenfassend kann festgestellt werden, dass die Natürliche Empfängnisregelung aufgrund ihres naturgerechten Konzeptes – besonders in unserem Zeitalter der Ökologie – gesundheitlich, gesellschaftlich wie auch volkswirtschaftlich von großer Bedeutung ist!

Dr. med. Rudolf Ehmann
Facharzt für Gynäkologie-Geburtshilfe, langjähriger Chefarzt am Kantonsspital Nidwalden, Stans (Schweiz)
Vizepräsident INER Prof. Rötzer e. V. von 2011 bis zu seinem Tod 2019

Widmung an meine Frau Margareta Rötzer

Bei der Wiener Frühjahrsmesse im März 1951 wurde ein Frauenthermometer für die Natürliche Empfängnisregelung angeboten und auf einer Seite Werbetext die dazu notwendige morgendliche Messung der **Temperatur** erklärt. Hierüber hatte ich im Medizinstudium nichts gehört. So bat ich meine Frau, mit einem gewöhnlichen Fieberthermometer ihre Aufwachtemperatur zu messen.

Bereits der erste beobachtete „Regelmonat" zeigte den typischen Temperaturverlauf eines normalen Zyklus mit einer zunächst tieferen Temperaturlage, einem Temperaturanstieg und einer nachfolgenden höheren Lage der Temperatur.

Ich danke es der guten Beobachtungsgabe und Aufgeschlossenheit meiner Frau, dass sie mich spontan auf Zeichen hinwies, die gegen Ende der tieferen Temperaturlage und bisweilen auch noch im Temperaturanstieg auftraten. In dieser Zeit des Zyklus war am Scheidenausgang eine eigentümliche **Schleimabsonderung** festzustellen. Zugleich trat um diese Zeit an einem oder an einigen wenigen Tagen ein **Schmerz im Unterleib** auf.

Das veranlasste mich, in verschiedenen Bibliotheken nachzulesen. In der deutschen, englischen und französischen Literatur wurde seit langem über den so genannten „Mittelschmerz" berichtet, der irgendwie mit dem Eisprung zusammenhinge.

Sehr viel war bereits damals über den Zervixschleim veröffentlicht. Es stand fest, dass seine Verflüssigung an den wenigen fruchtbaren Tagen für das Eintreten einer Empfängnis unerlässlich ist. So sollte auch bei Kinderwunsch vor allem der für eine Empfängnis optimale Tag des verflüssigten Zervixschleims festgestellt werden.

Bisweilen fand sich der Hinweis, dass manche Frauen den Zervixschleim beobachten könnten. Ich konnte bald herausfinden, dass bereits damals mehr als 90 Prozent der Frauen dazu imstande waren, obwohl in den Fünfzigerjahren zunächst ein gewisser Widerstand gegen diese Selbstbeobachtung bestand. Heute wissen wir, dass fast alle Frauen – auch bei uns im Westen – bei guter Unterweisung den Zervixschleim wahrnehmen können[47].

Aufgrund der Literatur kam ich zur Ansicht, dass es zur Feststellung einer unfruchtbaren Zeit notwendig ist, beim Temperaturanstieg drei hohe Messungen abzuwarten. Eine amerikanische Arbeit aus 1950[3] legte dies aufgrund von Operationsbefunden am Eierstock nahe; es fanden sich nämlich am Tag des Temperaturanstieges bisweilen noch nicht gesprungene reife Follikel. Man verlangte damals einen steilen Temperaturanstieg, einen „Temperatursprung". Mir schien aber, dass man das Ende der Phase mit dem Zervixschleim abwarten müsse, um einfach „höhere" Temperaturwerte beurteilen und akzeptieren zu können. 1951/52 standen die ersten Anwendungsregeln fest. Leider fanden sich keine Kollegen, die mir helfen beziehungsweise mitarbeiten wollten. Mein erster Leitfaden zur Regelung der Empfängnis erschien 1965[27]. Petra Frank und Elisabeth Raith wiesen in ihrem wissenschaftlichen Standardwerk „Natürliche Familienplanung" (1985)[8, S. 59] auf diese neue Vorgangsweise hin. In der 2. völlig überarbeiteten und erweiterten Auflage dieses Werkes (1994)[8, S. 10] wird dazu eigens gesagt, dass es sich bei Rötzer um die weltweit erste sympto-thermale Methode handelt. 1968 konnte ich meine Vorgangsweise in einer medizinischen Fachzeitschrift publizieren[28].

Im 12-bändigen Standardwerk „Klinik der Frauenheilkunde und Geburtshilfe" behandelt Band 2 (1989) das Thema „Sexualmedizin, Infertilität, Familienplanung"[48]. K. O. K. Hoffmann schreibt darin über die „Natürliche Familienplanung". Dazu heißt es auf Seite 166, dass „die Kombination von Beobachtung des Zervixschleims und der Aufwachtemperatur auf den Österreicher Rötzer zurückgeht, der die Methode erstmals 1968 beschrieb"[28]; es hätte eigentlich zutreffender heißen sollen: „auf Margareta und Josef Rötzer".

Inzwischen ist seit längerem unter den zuständigen Fachleuten eine weltweite Übereinstimmung festzustellen, dass es in einem Zyklus der Frau nur wenige fruchtbare Tage gibt. Die Mehrzahl der Zyklustage ist unfruchtbar. Die Kombination von Aufwachtemperatur und Beobachtung der Zeichen der Fruchtbarkeit haben es möglich gemacht, die wenigen fruchtbaren Tage einzugrenzen und eine größere Zahl von unfruchtbaren Tagen mit einer derartigen Genauigkeit zu bestimmen, dass eine Empfängnis mit Sicherheit vermieden werden kann. Von ebenso wichtiger Bedeutung ist die genaue Kenntnis der fruchtbaren Tage bei Kinderwunsch.

Die Zyklusbeobachtung sollte aber allen Frauen zugänglich gemacht werden, unabhängig von der Frage nach Kinderwunsch oder Vermeidung einer Empfängnis. Immer wieder schildern uns Frauen das Erlebnis der Faszination einer guten Zyklusbeobachtung, ja, welch großer Wert eine gute Zyklusbeobachtung für die Annahme des Frau-Seins haben kann.

Prof. Dr. med. Josef Rötzer

11

Das Führen von Zyklusaufzeichnungen

→ Leere Tabellen finden Sie am Ende des Buches

Bitte achten Sie darauf, dass Sie bei Ihren persönlichen Aufzeichnungen auch die Kopfzeile der Tabelle ausfüllen, wie Name, Geburtsdatum, Blattnummer. Aufgrund der Allgemeingültigkeit fehlt diese Kopfzeile bei den Tabellen in diesem Buch.

Tabelle 1: Eintragen der Regelblutung

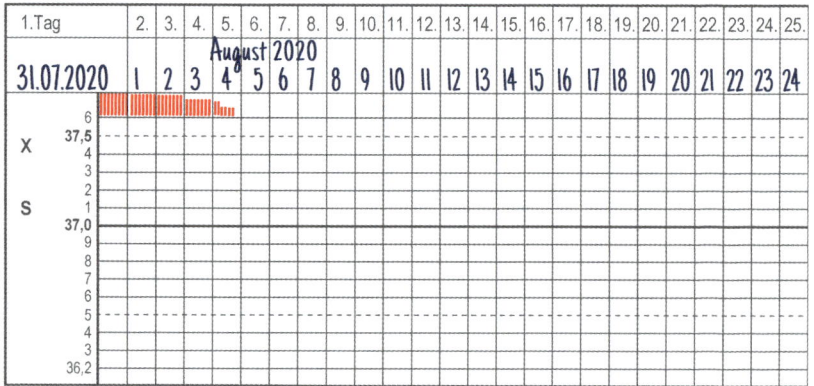

Unter dem gedruckten 1. Tag wird stets das Datum des **1. Tages der Regelblutung (Menstruation)** eingetragen: hier 31.07.2020. Als 1. Tag gilt der Tag (bis Mitternacht), an dem man das Einsetzen der Menstruation wahrnimmt (also unabhängig von der Uhrzeit). Die ungefähre Uhrzeit kann vermerkt werden (wie zum Beispiel bei Tabelle 8, Seite 40).

- Mit dem **1. Tag** der Regelblutung (Menstruation) beginnt der „**Regelmonat**" **(Zyklus)**

  Die weiteren Datumsangaben werden im Voraus eingetragen. Das Kästchen unter jedem Tag, an dem die Blutung in voller Stärke vorhanden ist, wird mit Rotstift voll angezeichnet (schraffiert), bei Schwächerwerden der Blutung nur ein Teil des Kästchens. Leichte Nachblutungen werden mit roten Strichen oder Pünktchen angedeutet. Es kann vorkommen, dass nach einer vorübergehenden

Verminderung der Blutung diese wieder stärker wird. In der obigen Tabelle ist ab dem 6. Tag keine Blutung mehr vorhanden.

Es kann zu schwerwiegenden Fehlern führen, wenn man das Ende der Regelblutung abwartet und dann erst mit dem 1. Tag zu zählen beginnt. Alle Aufzeichnungen müssen mit dem **1. Tag der Menstruation** beginnen, dessen Datum immer **in einer neuen Tabelle** unterhalb des vorgedruckten 1. Tages zu schreiben ist.

Es können leichte Vorblutungen oder ein bräunlicher Abgang vor dem deutlichen Einsetzen (vor dem 1. Tag) der eigentlichen Menstruation auftreten. Meist besteht kein Zweifel, wo der 1. Tag der Menstruation anzunehmen ist. Falls Unklarheiten bestehen, kann man den Verlauf der Temperaturkurve vor Einsetzen der Menstruation mitberücksichtigen (siehe Seite 32).

Wenn eine Frau eine „Spirale" (ohne Hormonzusatz) in der Gebärmutter hat, können längere Vor- und Nachblutungen auftreten. Dennoch soll man versuchen, die im nachfolgenden beschriebenen Zyklusaufzeichnungen vorzunehmen. Meistens kommt man zu verwertbaren Ergebnissen. Da man trotz liegender „Spirale" schwanger werden kann, hat es einen Sinn, die fruchtbaren Tage herauszufinden. Die Wirkung der „Spirale" besteht vor allem darin, dass sich eine befruchtete Eizelle – eigentlich: **das Kind!** – in der Gebärmutter nicht einbetten kann („Nidationshemmung"); **dies ist eine Abtreibung im frühesten Stadium**. Jede eintretende Schwangerschaft bedarf einer sorgfältigen ärztlichen Überwachung. Es ist auch ein relatives Ansteigen der Zahl der Eileiterschwangerschaften festzustellen. Bei Frauen, die eine „Spirale" tragen, kommt es häufiger zu chronischen Unterleibsentzündungen. Diese treten noch häufiger bei jungen Frauen auf, die noch kein Kind zur Welt gebracht haben; das kann dauernde Unfruchtbarkeit zur Folge haben. Auch unter den sogenannten „Hormonspiralen", zum Beispiel Mirena, sollte mit den Aufzeichnungen begonnen werden, da diese für die Zeit nach dem Ziehen der „Spirale" wichtige Aussagen zulassen.

Während der Pilleneinnahme kann es sinnvoll sein, die nachfolgend beschriebenen Beobachtungen zu machen. Meistens wird es möglich sein, eine Art Zervixschleim an einigen Tagen wahrnehmen zu können. Es hängt von der Art der „Pille" ab, an welchen Tagen dieser Zervixschleim auftritt, der durch Östrogene in der „Pille" hervorgerufen wird. Das kann eine Hilfe zum Erlernen der Beobachtungen sein. Man muss aber wissen, dass dies ein Kunstprodukt ist und nicht angibt, wo die Phase mit dem Zervixschleim nach Absetzen der „Pille" zu finden sein wird. In der Mehrzahl der Fälle stellt sich nach Absetzen der „Pille" (Pillenpackung zu Ende nehmen!) ziemlich rasch ein normaler Zyklusverlauf ein (siehe Tabelle 18).

Zwei sehr wichtige Vorbemerkungen:

I. Lesen Sie bitte zunächst die Beschreibung von möglichen **Empfindungen im Inneren der Scheide**, wie sie nachfolgend bei **Tabelle 1.1** unter **3.** beschrieben sind. Manche Frauen haben Derartiges seit jeher empfunden, konnten es aber nicht einordnen.

II. Falls Sie den Eindruck haben sollten, dass eine derartige Beobachtung für Sie noch nicht durchführbar ist, dann können Sie die **Tabelle 1.1** mit dem dazugehörigen Text überspringen und befassen sich sofort mit der **Messung der Aufwachtemperatur** (Tabelle 2).

Tabelle 1.1: Beobachtungen nach der Menstruation

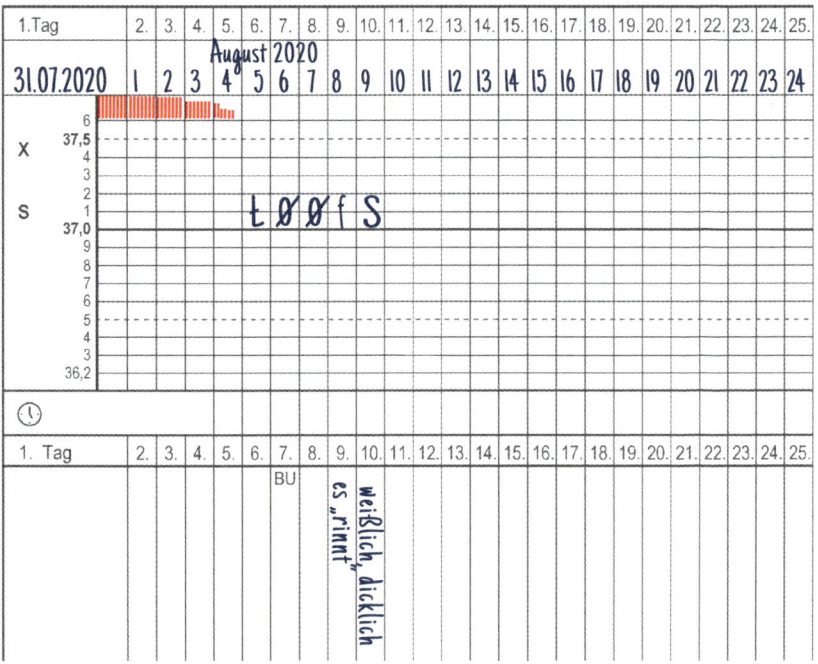

Wenn Sie sich entschließen können, sofort nach der Menstruation jene Beobachtungen zu machen, die nachfolgend beschrieben werden, können Sie den einfachsten Weg finden, nur mit Hilfe von Empfindungen den frühestmöglichen Beginn der fruchtbaren Tage zu bestimmen.

Dieser Hinweis soll Sie auch in besonderer Weise darauf aufmerksam machen, dass all jene Beobachtungen am Scheideneingang und all jene **Empfindungen im Inneren der Scheide,** die in diesem Buch beschrieben werden, von wesentlicher Bedeutung für eine möglichst enge Eingrenzung der fruchtbaren Tage sind.

Leider müssen wir immer wieder die Erfahrung machen, dass diese Beobachtungen vernachlässigt werden und man sich zu sehr auf die alleinige Messung der Aufwachtemperatur verlässt. Für eine erfolgreiche Anwendung der Natürlichen Empfängnisregelung muss aber die Aufwachtemperatur zumindest mit der Beobachtung von jenen Zeichen der Fruchtbarkeit kombiniert werden, die von fast jeder Frau leicht festgestellt werden können.

Im Text zur Tabelle 3 werden diese Zeichen besprochen, die man an den besonders fruchtbaren Tagen beobachten kann. Jetzt soll auf Empfindungen hingewiesen werden, die eine Frau **nach der Menstruation** am Scheideneingang oder im Inneren der Scheide wahrnehmen kann.

Immer mehr Frauen berichten, dass sie die fruchtbaren Tage nur mit Hilfe verschiedener Empfindungen bestimmen können. Dazu sollen erste Hilfen angeboten werden.

Auf der dicken Linie für 37 °C (Grad Celsius) werden bestimmte Buchstaben für bestimmte Empfindungen eingetragen:

1. **t** = „trocken"; man hat eine ausgesprochen trockene Empfindung am Scheidenausgang, die unangenehm und mit einem juckenden Gefühl verbunden sein kann (bei sexueller Erregung kann es zu einer starken Flüssigkeitsabsonderung kommen, die aber nicht als Zeichen der fruchtbaren Tage anzusehen ist).

2. **Ø** = „Null durchgestrichen"; man empfindet **„nichts".** Man fühlt sich weder unangenehm „trocken" noch irgendwie „feucht". Man ist nicht sicher, ob man noch „trocken" ist, kann aber auch noch nicht sagen, dass schon etwas Feuchtigkeit vorhanden ist. Beste Beschreibung auch für Frauen, die **t** nicht wahrnehmen können: „nichts gespürt, nichts gesehen".

3. **Entweder im Anschluss an t oder an Ø könnte es sein, dass Sie plötzlich eine Empfindung im Scheideninneren wahrnehmen** (Tabelle 1.1: Kleinbuchstabe **f** am 9. Tag): „Es ist, als ob etwas **in der Scheide (im Inneren der Scheide)** hinunterrinnt", „als ob Tröpfchen nach unten rinnen". Diese Empfindung kann so stark werden, dass manche Frauen in der untersten Spalte der Tabelle eintragen: „es fließt", „es rinnt" (siehe Tabelle 1.1).

- Andere Beschreibungen: „Als ob **Bläschen in der Scheide wären**" („**es blubbert**", „es gluckst"), „spüre das Innere", „… den inneren Rand", „Feuchtigkeit und Wärme in der Scheide". Allgemein ausgedrückt: „Es tut sich etwas **innerhalb der Scheide**". Manche Frauen haben den Zugang zu dieser Wahrnehmung durch den Ausruf gefunden: „Tatsächlich, **ich habe eine Scheide**". Die Scheide als Organ wird bewusst.

Beim ersten Auftreten einer derartigen Empfindung sollen Sie sofort das Badezimmer oder die Toilette aufsuchen. Bei einem **sofortigen** Nachsehen werden Sie überrascht sein, dass Sie äußerlich trocken sind. Einige Zeit später könnte sich am Toilettenpapier Feuchtigkeit bemerkbar machen, zum Beispiel ein feuchter Glanz am Papier.

- Falls eine Empfindung der oben beschriebenen Art vorliegt, wird der Kleinbuchstabe **f** auf der dicken Linie für 37 °C eingetragen (siehe Tabelle 1.1, 9. Tag).

Für die Anfängerin kann etwas sehr wichtig sein: Das Innere der Scheide ist fast immer feucht – um Missverständnisse bei der Beurteilung auszuschließen, soll **der Finger nicht in die Scheide eingeführt werden!**

Was können Sie tun, wenn Sie f (noch) nicht empfinden?

Lesen Sie bitte aufmerksam **Anhang B** (Seite 123). Versuchen Sie sich nach den dort angeführten Punkten zu verhalten. Jede einengende Unterwäsche besonders aus Kunstfaser fördert das Entstehen von Ausfluss und verhindert das Wahrnehmen von Empfindungen. Verzichten Sie in der Lernphase auf enge Hosen. Selbst Pyjama-Hosen oder andere Höschen während der Nacht können dabei stören.

Dann ist es nur notwendig, geduldig zu warten, bis sich die entsprechende Empfindung einstellt. Meist ist es ein so genanntes „Aha-Erlebnis". In der weiteren Folge wird sich diese Empfindung von selbst bemerkbar machen, ohne dass Sie in besonderer Weise darauf achten müssen.

Hinweise für das Eintragen von f

- **Wichtig:** Am Abend eines jeden Tages muss man sich darüber klar werden, was an diesem Tag das qualitativ beste Zeichen der Fruchtbarkeit war. Selbst wenn dieses nur einmal am Tag aufgetreten sein sollte, wird das entsprechende Symbol eingetragen (siehe Text zu Tabelle 3).

- Es kann nun vorkommen, dass am selben Tag zum Beispiel nach **f** am Vormittag ein **S** am Nachmittag auftritt. Es muss daher am Abend auf der dicken Linie für 37 ˚C ein **S** eingetragen werden.

- Da das Wahrnehmen von **f** die erste mögliche Fruchtbarkeit anzeigt, soll aber festgehalten werden, dass **f** vor dem **S** zur Beobachtung kam.

- Um das in der Tabelle anzuzeigen, wird **S** eingetragen und mit einem Schrägstrich darüber auch **f** angegeben (**f/S**), das heißt, dass **f vor S** zur Beobachtung kam (siehe auch Tabellen 12, 13). **f** ist noch nicht Zervixschleim, sondern eine Absonderung aus dem Scheidengewölbe als Hinweis dafür, dass **S** bald auftreten wird.

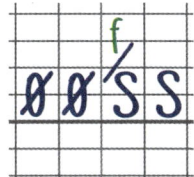

Die Auswertung von f und anderer Empfindungen

- **Wenn die Empfindung f regelmäßig vor S auftritt, dann könnte es möglich sein, zu Beginn des Zyklus Unfruchtbarkeit bis einschließlich letzter Tag ohne f anzunehmen.** Gerade hier ist das Sammeln eigener Erfahrung über die Verlässlichkeit der eigenen Beobachtung sehr wichtig (ist bei Tabelle 7 näher erklärt).

So können Sie dann mit zunehmender Erfahrung nicht nur den Beginn der fruchtbaren Tage rein empfindungsmäßig wahrnehmen, sondern es werden Ihnen auch die Empfindungen der besonders fruchtbaren Tage zunehmend mehr bewusst: **„nass und/oder schlüpfrig"** („glitschig") und/oder „weich", „glatt", „wie angeschwollen". Der Zervixschleim der besonders fruchtbaren Zeit (**S** der **besten Qualität**) ist im Text zu Tabelle 3 beschrieben.

- **Nur die Wahrnehmung von f wird in unserem Lehrprogramm als „Feinbeobachtung" bezeichnet.**

Wer daher **f** einträgt, gibt damit an, dass die beschriebene **Empfindung im Inneren der Scheide** wahrnehmbar ist.

Wer nur äußerlich „feucht" empfindet, kann im untersten Bereich der Tabelle quer hineinschreiben **„äußerlich feucht".** Dann sollte man versuchen, vielleicht doch zusätzlich festzustellen, ob nicht **S** am Toilettenpapier vorhanden ist (siehe Text zu Tabelle 3).

Tabelle 2: Aufwachtemperatur

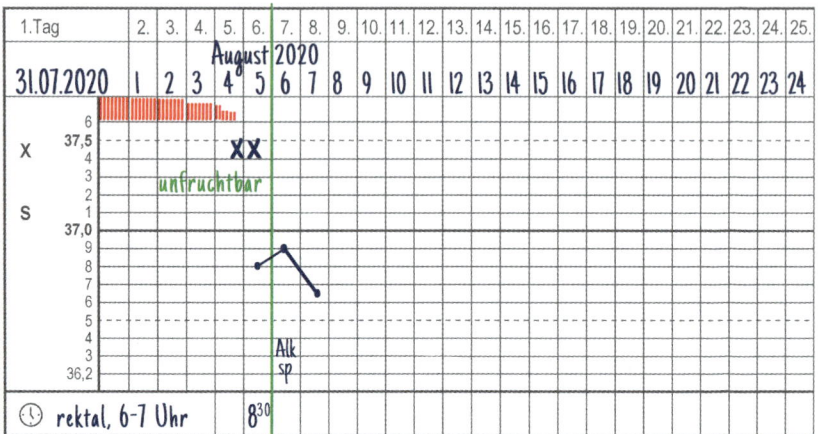

Die Aufwachtemperatur wird am Morgen unmittelbar nach dem Erwachen gemessen, ist daher die erste Handlung nach dem Aufwachen und hat vor dem Aufstehen und vor jeder anderen Tätigkeit (auch Trinken oder Rauchen) zu erfolgen.

Wichtig ist die Verwendung eines analogen Thermometers, da dieses für die Zwecke der NER genauer ist als ein digitales Thermometer. Bei einem Frauenthermometer von zum Beispiel Geratherm (enthält kein Quecksilber) können die Messwerte zwischen 36 °C und 38 °C gut abgelesen werden.

1. **Das Thermometer muss griffbereit mit hinuntergeschlagener Säule auf dem Nachtkästchen** liegen. Am Abend vorher wird nachgesehen, ob es unter 36 °C steht. Kugelschreiber bereitlegen.

2. **Die Messung muss nicht täglich zur gleichen Uhrzeit erfolgen.** Unterschiede in den Messzeiten (innerhalb von eineinhalb Stunden) von einem Tag zum nächsten sind bedeutungslos. Größere Unterschiede und **Messzeiten nach 7.30 Uhr** werden eingetragen (siehe 6. Tag: 8.30 Uhr; **spätere Messzeiten ergeben meist höhere Temperaturwerte**).

3. Es stört nicht, wenn in der Nacht kurz aufgestanden worden ist, um zum Beispiel ein Kind zu versorgen. Man sollte nur vor dem Messen wieder etwa eine Stunde geruht haben. Ansonsten soll die tägliche Gesamt-Nachtruhe im Schnitt 6 Stunden nicht unterschreiten. Weniger Schlafenszeit führt zu chronischem Schlafmangel und kann zu unregelmäßigen Temperaturen und unregelmäßigen Zyklen führen. Folgende weitere Anmerkungen sind notwendig:

a = in der Nacht oft aufgestanden,

sp = ungewöhnlich spät ins Bett gekommen (insbesondere, wenn man nach Mitternacht zu Bett geht, kann die Temperatur verfälscht werden),

Alk = **übermäßig Alk**ohol spät abends oder in der Nacht getrunken (**sp** und **Alk** am obigen 7. Tag erklärt die zu hohe Messung).

4. Zur Messung genügt ein gewöhnliches analoges Fieberthermometer. Es muss stets dasselbe Thermometer verwendet und auch stets die gleiche Art des Messens angewendet werden (siehe nächsten Punkt 5). Ein Thermometerwechsel ist in der Tabelle zu vermerken. Wenn sich verwirrende und unklare Messungen ergeben, soll – nach Ausschluss von Erkrankungen – das Thermometer überprüft werden, ob sich zum Beispiel eine Unterbrechung in der Säule oder ein feiner Riss im Glas zeigt. Es dürfen nur einwandfreie Thermometer verwendet werden. Die Reinigung des Thermometers darf nicht mit heißem Wasser erfolgen, da zu große Wärme das innere Glasröhrchen sprengt (elektr. Thermometer; siehe Seite 122).

5. **Messwerte sollen nach Möglichkeit sofort nach dem Messen eingetragen werden** (oder immer erst nach einiger Zeit, da die Messsäule in der Kälte geringfügig absinkt).

   a) **Die genaueste Messung ist die Messung im Mastdarm (rektale Messung)** von etwa 5 Minuten Dauer. In Seitenlage und mit angezogenen Beinen lässt sich das Thermometer leicht einführen; eventuell kann das Thermometerende durch Eintauchen in Salbe oder in ein Glas mit Wasser besser gleitfähig gemacht werden.

   b) Fast ebenso genau kann die Messung in der Scheide sein **(vaginale Messung)** von etwa 5 Minuten. Es ist darauf zu achten, dass das Thermometer gut in die Scheide eingeführt wird und nicht herausrutscht (am besten festhalten).

   c) Die Messung ist auch im Mund **(orale Messung)** möglich. Das dünne Ende des Thermometers wird immer auf derselben Seite unter die Zunge eingeführt bis in die Tiefe der Backenzähne („Wärmetasche"). Der Mund bleibt für etwa 8 Minuten geschlossen und es wird durch die Nase geatmet. **Orale Messwerte können einige Zehntelgrade tiefer sein als rektale.**

   d) Messungen in der Achselhöhle sind unbrauchbar.

In obiger Tabelle ist links eingetragen, dass die Messung rektal und für gewöhnlich in der Zeit zwischen 6 und 7 Uhr morgens vorgenommen wird. Unter dem 6. Tag **(mit der Messung muss zumindest sofort nach Beendigung der Blutung begonnen werden)** ist in der Mitte der Tagesspalte **ein dicker Messpunkt** auf der Linie für 36,8 °C eingetragen, unter dem 7. Tag 36,9 °C (infolge **sp** und **Alk** meist zu hohe Werte). Benachbarte Messwerte werden durch Linien verbunden. Ohne diese Verbindungslinien ist der Temperaturverlauf schwer zu deuten. Beim Ablesen des Thermometers kann es sein, dass die Flüssigkeitssäule zwischen zwei Teilstrichen steht; dann wird der Messpunkt in der Tabelle ebenfalls zwischen den beiden entsprechenden Temperaturlinien eingezeichnet. Unter dem 8. Tag ist der Messpunkt zwischen 36,6 und 36,7 °C eingetragen.

Am 5. und 6. Tag ist das Zeichen **X** eingetragen (Zeichen für einen vollen ehelichen Verkehr, Einswerden mit Samenerguss im Inneren der Scheide). In der Temperaturtabelle ist links in gleicher Höhe **X** vorgedruckt.

▶ **Wie soll die Anfängerin vorgehen?**

Die meisten Frauen dürfen Unfruchtbarkeit vom 1. Tag des Zyklus bis zum Abend des 6. Tages annehmen.

■ Diese „6-Tage-Regel" ist vor allem dann sehr verlässlich, wenn Sie Kalenderaufzeichnungen oder sogar Temperaturmessungen von zumindest 12 Zyklen haben und in dieser Übersicht kein Zyklus kürzer als 26 Tage war.

■ Es kann sogar ausreichend sein, wenn Sie aus der Erinnerung sagen können, dass Ihre Menstruationen etwa alle 4 Wochen eintraten.

■ Wenn in der zumindest 12 Zyklen umfassenden Übersicht Zyklen kürzer als 26 Tage waren, dann wird vom kürzesten Zyklus die Zahl 20 abgezogen, und man erhält die Zahl der unfruchtbaren Tage ab dem 1. Tag einer **echten Menstruation** (mehr hierüber im Text zu Tabelle 7).

■ Wenn Sie aus der Erinnerung wissen, dass Ihre Blutungen etwa alle **3 Wochen** eintraten, dann dürfen Sie zu Beginn des Zyklus keine unfruchtbaren Tage annehmen.

Das alles ist für eine Anfängerin sehr wichtig, die eine Schwangerschaft vermeiden will. Die Anfängerin darf selbst bei längeren Zyklen **nur die ersten 6 Tage** als unfruchtbar annehmen. Die dicke **Linie zwischen 6. und 7. Tag soll diese Grenze angeben.**

Überraschende Schwangerschaften treten bei der Anfängerin immer wieder dann ein, wenn nach dem 6. Tag unfruchtbare Tage angenommen werden, beziehungsweise wenn bei Zyklen **kürzer als 26 Tage** die oben genannte Regel „kürzester Zyklus weniger 20" nicht eingehalten wird. **Die Verlässlichkeit der 6-Tage-Regel ist im Kapitel „Anmerkungen zu Verlässlichkeit und Terminologie" beschrieben (ab Seite 104).**

Was kann man tun, wenn man Schichtdienst/Nachtdienst hat?

Vergleichbare Temperaturwerte kann man auch dann erhalten, wenn man die Temperatur täglich stets zur gleichen Uhrzeit untertags oder am Abend misst. Vorher soll man sich sitzend oder liegend für etwa eine Stunde entspannt haben, oder man nimmt die Messung nach der längsten Schlafenszeit während des Tages vor, solange eben diese Schichtarbeit andauert. In der Tabelle wird täglich die Uhrzeit des Messens angegeben, die Arbeitszeit und auch der Wechsel zu einer anderen Schichtarbeit. Zusammen mit der Beobachtung des noch zu beschreibenden Zervixschleims erhält man verwertbare Zyklusaufzeichnungen.

Wichtige weitere Eintragungen

Alle Erkrankungen, auch eine leichte Verkühlung, sind anzumerken, da sie zu einem Temperaturanstieg führen, durch den man sich nicht täuschen lassen darf. Bei jeder Temperaturerhöhung, die nicht zum Ablauf des Zyklus passt, soll nach einer Erklärung gesucht werden. Es kann zum Beispiel auch eine starke Aufregung oder seelische Erschütterung höhere Temperaturwerte verursachen. Die gleichzeitig durchzuführende Beobachtung des Zervixschleims (siehe später) gibt einen zusätzlichen Schutz, dass derartige Temperaturerhöhungen nicht fehlgedeutet werden. Reisen, Klimaveränderungen, Urlaub, Kuraufenthalt, Krankenhausaufenthalt und Operationen (auch Zahnextraktionen) müssen eingetragen werden. Sie können die Erklärung für eine eventuelle Änderung des Zyklusverlaufes sein, der jedoch bei Anwendung bestimmter Regeln immer auswertbar ist! (siehe auch Aufzählung im Anhang A, Seite 120 f.)

Tabelle 3: Zervixschleim an den fruchtbaren Tagen

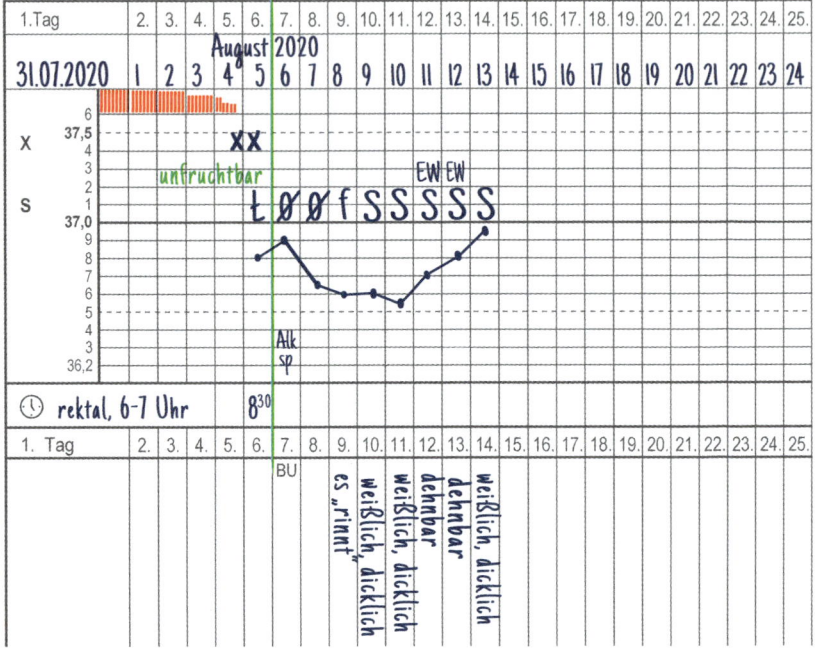

Das wichtigste Zeichen der fruchtbaren Tage ist ein vorübergehend vermehrter Abgang einer schleimigen Flüssigkeit aus der Scheide.

Dies ist das Zeichen **S** (Schleim), Zervixschleim, der aus dem Halsteil der Gebärmutter (Zervix, siehe Abb. 4, Seite 52) an den fruchtbaren Tagen vermehrt abgesondert wird.

An jedem Tag, an dem **S** zur Beobachtung kommt, wird der Großbuchstabe **S** auf der dicken Linie für 37 °C eingetragen. (**S** ist ganz links in dieser Höhe vorgedruckt.)

Weitere Zeichen auf der dicken Linie für 37 °C:

t = äußerliche Empfindung „trocken",

Ø = „nichts gespürt, nichts gesehen",

t und **Ø** (mögliche äußerliche Empfindungen) sind im Text zu Tabelle 1.1 näher beschrieben (Seite 15). Wenn Sie hinsichtlich **t** und **Ø** noch unsicher sind, **dann lassen Sie diese Eintragung weg** und versuchen Sie, nur **S** einzutragen, sobald sich dieses bemerkbar macht.

Eine Untersuchung der Weltgesundheitsorganisation in fünf Ländern ergab, dass bis zu 99,5 Prozent der Frauen imstande sind, **S** im ersten beobachteten Zyklus wahrzunehmen, wenn ihnen die dafür notwendigen Informationen gegeben werden. Die besten Ergebnisse erzielten Frauen in Entwicklungsländern[47].

Frauen in einem westlichen Land werden die Hinweise im Anhang B (ab Seite 123) besonders beachten müssen.

I. Wie kann man das Zeichen S beobachten?

Viele Frauen haben schon immer an einigen Tagen im Zyklus ein vermehrtes Feuchtwerden oder den Abgang einer schleimigen Flüssigkeit verspürt. Achtet eine Frau bewusst darauf, verfeinert sich diese Empfindung; der vorübergehend vermehrte Schleimabgang wird verstärkt wahrgenommen. Eine weitere Hilfe besteht in Folgendem:

Jede Frau sucht mehrmals täglich die Toilette auf und verwendet zum abschließenden Reinigen Toilettenpapier. Zum Beobachten des Zeichens **S** ist wenig saugfähiges, eher farbloses Papier von minderer Qualität besser als hochwertiges, weiches. Der Anfängerin ist zu raten, dass sie sich bei jedem Aufsuchen der Toilette vor und nach dem Urinieren oder Pressen zum Stuhlgang abtupft (einmal und nur **von vorne nach hinten** wischen!).

■ **Wenn man das Papier ansieht, kann man an den entsprechenden Tagen den am Papier haftenden Schleim sehen.**

Die ganze Beobachtung dauert nur wenige Sekunden!

Indem man das Papier zusammenlegt und wieder auseinanderfaltet, kann man prüfen, ob die schleimige Absonderung **ausziehbar, dehnbar** („spinnbar") ist. Das ist das wichtigste Unterscheidungsmerkmal für jene Frauen, die über einen ständigen Ausfluss klagen. Dieser hat ein anderes Aussehen, vor allem ist er meistens nicht ausziehbar, nicht dehnbar. Dadurch wird **S** auch innerhalb eines ständig vorhandenen Ausflusses erkennbar (im Anhang B finden Sie Hinweise, wie ein Ausfluss beseitigt werden könnte). **Das Zeichen S wird am Scheidenausgang beobachtet,** wo sich sein Aussehen von einem Tag zum anderen ändern kann.

▶ **Wichtig**: Finger nicht in die Scheide einführen! Das Innere der Scheide kann immer feucht sein.

Der Arzt kann den Zervixschleim am äußeren Muttermund entnehmen und auf ein Glasplättchen (Objektträger) aufbringen. Ein zweites Glasplättchen wird darauf gedrückt und dann zieht man die beiden Objektträger auseinander. Dasselbe kann man auch mit Toilettenpapier (oder mit Daumen und Zeigefinger) machen.

Abb. 1a

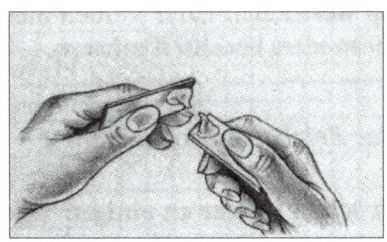

Abb. 1a zeigt einen weißlichen Schleim, der zäh und nur wenig dehnbar ist und nach kurzem Auseinanderziehen abreißt (vergleiche Hilfen zur Beschreibung Seite 25, A. 1.).

Diese Art des Zervixschleims ist ein **S „der weniger guten Qualität"**. Diese Art des **S** kann die persönlich beste fruchtbare Zeit für jene Frauen anzeigen, bei denen bei der äußerlichen Beobachtung keine weitere Veränderung zu einem **S** einer „besseren" oder **„der besten Qualität"** (Seite 25 f., B. 2.–6.) auftritt.

Abb. 1b

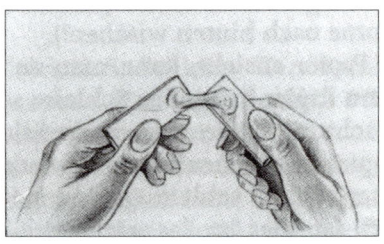

Abb. 1b zeigt ein zwar besser dehnbares **S**, das meist nicht klar, sondern zum Beispiel eher trüb oder milchig ist. Meistens wird dieses **S** noch zum **S „der weniger guten Qualität"** zu rechnen sein (es sei denn, es zeigen sich auch glasige Fäden, was einen Übergang zu Abb. 1c bedeuten würde). Wiederum kann diese Art des **S** die persönlich beste fruchtbare Zeit für jene Frauen anzeigen, bei denen bei der äußerlichen Beobachtung keine weitere Veränderung zu einem **S „der besten Qualität"** auftritt.

Abb. 1c

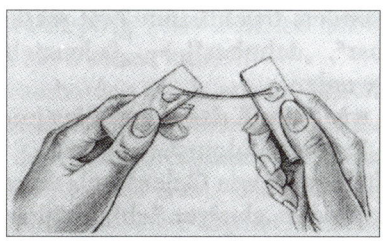

Abb. 1c zeigt einen dehnbaren und glasklaren Schleim („Spinnbarkeit des Zervixschleims", dehnbar bis 10 cm und mehr, vergleiche Seite 25 f., **B. 2.**).

II. Wie kann das Zeichen S bei der Selbstbeobachtung aussehen?

Zu Beginn des Zyklus kommt nach **t** oder **Ø,** beziehungsweise **f,** zuerst meist:

A. **S der weniger fruchtbaren Tage**, das meint „Qualität weniger gut" (Eintreten einer Schwangerschaft ist aber möglich. Warnung: Es gibt keinen Schleim von „unfruchtbarem Typ"!)
1. Mögliche Beschreibungen sind zum Beispiel:
   Weißlich, dicklich, trüb, milchig, dick-gelb, klumpig, cremig, klebrig, zäh.
   Wenn irgendeine dieser Beschreibungen zutrifft, dann tragen Sie den Buchstaben **S** ein. **Wichtig**: Sie können die Beschaffenheit des **S** in den Längsspalten der Tabelle mit eigenen Worten beschreiben (siehe Tabelle 3, 10. und 11. Tag, dann wieder 14. Tag).
   Mit zunehmender Erfahrung ziehen es manche Frauen vor, oberhalb von **S** ein Symbol für den von ihnen beobachteten Schleim zu setzen. Im Anhang C (ab Seite 126) sind Beispiele angeführt (siehe auch Tabelle 8.2). Im Ablauf des Zyklus kommt nach dem **S** der „weniger guten Qualität" meistens (aber nicht immer):

B. **S der besonders fruchtbaren Tage** („beste Qualität")

Mögliche Beschreibungen von Erscheinungsformen des **S**, die eine besonders fruchtbare Zeit anzeigen können:

2. **Wird in der besonders fruchtbaren Zeit stärker ausziehbar** („in Fäden ausziehbar", „dehnbar") = „fadenziehend", „spinnbar"; kann ganz klar werden.

3. **Kann aussehen wie Eiweiß des rohen Eies** (nicht des gekochten Eies): „Eiklar", „Eiweiß-Schleim".

4. **Glasig-durchscheinend:** „wie Gelee", „glasklar".

5. **„Eiweiß-Schleim"** oder **„glasiger Schleim"** kann klar oder weißlich trüb sein (mit glasigen Fäden durchsetzt). Er kann auch eine geringe oder stärkere Blutbeimengung haben (rosa, rot, rot-braun) oder einen **zart gelblichen** Farbton. Es kann sogar eine starke Blutung damit verbunden sein, sog. „Ovulationsblutung" (Unterschied zwischen verschiedenen Blutungen siehe Tabelle 7; Ovulationsblutung siehe Tabelle 8.4).

6. **Der Schleim der besonders fruchtbaren Zeit kann derart dünnflüssig werden, dass er einfach wegrinnt wie Wasser** („Wasserfall"). Eine Dehnbarkeit kann nicht geprüft werden, **da am Papier kein Schleim zu sehen** ist. Das kann Verwirrung auslösen, da man einen sichtbaren Schleim am Papier erwartet.

   Wenn der Schleim derart dünnflüssig wird, kann die **Empfindung einer ausgesprochenen Nässe**, verbunden mit **„weich"** oder **„glatt"** am Scheideneingang, die wichtigste **Beobachtung** sein (**„nass", „schlüpfrig", „glitschig" „nass und schlüpfrig"**): Das bedeutet besten Schleim, obwohl man den Schleim nicht sehen kann. **Überhaupt kann die Empfindung wichtiger werden als das, was man sieht!**

Die besonders fruchtbare Zeit kann sich bereits dadurch anzeigen, dass beim Abtupfen mit dem Toilettenpapier das Papier infolge der glatten Nässe leicht darüber gleitet („schlüpfrig", „glitschig").

Wenn S eine besonders fruchtbare Zeit anzeigt (Ziffern 2 bis 6) – selbst wenn dies nur einmal am Tag sein sollte –, muss dies in der Tabelle eigens angemerkt werden:

- Oberhalb des **S** wird zum Beispiel noch **EW** („Eiweiß") oder **gl** („glasig") eingetragen, je nachdem welche Bezeichnung von der betreffenden Frau für einen bestimmten Tag vorgezogen wird. Die flüssige Beschaffenheit wird mit **fl** oberhalb **S** oder mit **ns** („nass/schlüpfrig") eingetragen, manche Frauen tragen ganz unten „Wasserfall" ein.

Tragen Sie bitte auch alle Empfindungen, die Sie wahrnehmen können, in der Tabelle ganz unten ein! Für manche Frau ist allein die Empfindung „nass" am Scheideneingang, meist verbunden mit **„weich"**, **„glatt"**, **„schlüpfrig"**, das Zeichen der besonders fruchtbaren Zeit, **ohne dass sie S sehen kann!**

■ Davon zu unterscheiden ist **f**, wie in Tabelle 1.1 beschrieben, dem eine Wahrnehmung im Inneren der Scheide zugrunde liegt.

■ Vor und nach dem **S** der besonders furchtbaren Tage kommen meist andere Formen des **S** zur Beobachtung (wie weiter oben als **S der weniger fruchtbaren Tage beschrieben**):

Es ist sehr wichtig, dass auch „S der weniger guten Qualität" an jedem Tag eingetragen wird, selbst wenn es nur einmal am Tag beobachtet werden kann.

Alle Formen von S und die Beobachtung f werden als „Zeichen der Fruchtbarkeit" zusammengefasst.

Wenn Sie nur die verkürzte und vereinfachte Form der Natürlichen Empfängnisregelung anstreben, wie sie in der Tabelle 8 angegeben ist, müssen Sie die feineren Unterschiede der Zeichen der Fruchtbarkeit zu Beginn des Zyklus nicht eigens beachten.

Überlegen Sie aber trotzdem:

In der Zeit nach der Geburt eines Kindes und in den Wechseljahren wird eine Auslegung der Beobachtungen sehr oft nur dann möglich, wenn man aus eigener Erfahrung um die oben angeführten Unterschiede der „Zeichen der Fruchtbarkeit" weiß (oder die Untersuchung des Muttermundes durchführt, Seite 82).

Bevor die Selbstuntersuchung des äußeren Muttermundes versucht wird, sollten Sie herausfinden, ob die empfindungsmäßige Wahrnehmung von f (siehe Tabelle 1.1) möglich ist. Das wäre die einfachste Bestimmung des frühestmöglichen Beginns der fruchtbaren Tage (siehe auch Text zu Tabelle 7). Dann können Sie zusätzlich die Untersuchung des Muttermundes vornehmen, welche die bereits wahrgenommene Empfindung von **f** nicht stören muss (vergleiche dazu Seite 82).

Tabelle 4: Anstieg der Aufwachtemperatur

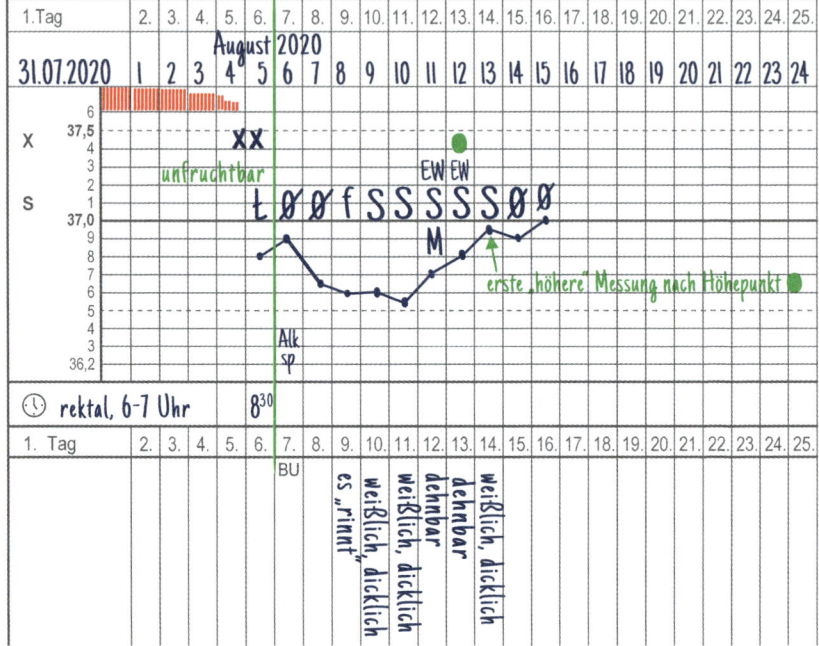

Gegen Ende des Zeichens **S** oder einige Tage danach steigt die Aufwachtemperatur für gewöhnlich an.

Ein **Mittelschmerz** wird mit **M** eingetragen (12. Tag). Dies kann ein stechender oder krampfartiger Schmerz im Unterbauch sein, oder ein Kreuzschmerz, kurzdauernd oder einige Tage anhaltend. Vielleicht kann manche Frau an ihren fruchtbaren Tagen ein ganz persönliches Zeichen entdecken, wenn sie vermehrt darauf achtet.

S und **M** geben einen Hinweis auf die fruchtbaren Tage. **Es ist aber nicht möglich, den „Tag des Eisprungs" festzustellen.** Wir können jedoch nach den fruchtbaren Tagen die sicher unfruchtbare Zeit bestimmen. Dazu ist es zunächst notwendig, dass man den letzten Tag jenes **S** feststellt, das für die betreffende Frau die besten fruchtbaren Tage anzeigt. In **Tabelle 4** ist an zwei Tagen **S** zusätzlich mit **EW** gekennzeichnet „Eiweiß-S", also „beste Qualität" (gibt die besten fruchtbaren Tage an). **Der letzte Tag von S-EW ist hier am 13. Tag,** der mit einem dicken Punkt ● oberhalb **S-EW** gekennzeichnet wird. **Der letzte Tag** jenes **S**, das im laufenden Zyklus die beste fruchtbare Zeit angibt **(nicht die größte Menge),** heißt **Höhepunkt** (= ●, „Schleim-Höhepunkt").

Der Name „Schleim-Höhepunkt" ist in manchen Fällen nicht ganz zutreffend, wenn es sich um den letzten Tag irgendeines „Zeichens der Fruchtbarkeit" handelt (siehe später). **Nach einem Höhepunkt ● mit EW** kann ein **S** von „weniger guter Qualität" auftreten.

Wenn eine Frau kein **S** der „besten Qualität" beobachten kann, dann gibt **S** der „weniger guten Qualität" noch die relativ beste fruchtbare Zeit an, und der **letzte Tag** dieses **S** wird als **Höhepunkt ●** eingetragen (siehe Tabelle 17, Seite 70). Erst **nach dem letzten Tag** des (relativ) „besten" Schleims darf ein Ansteigen der Temperatur ausgewertet werden. Messungen dürfen erst dann als **„höher"** gewertet werden, wenn sie **nach dem Höhepunkt ●** liegen; hier zum Beispiel ist die **1. „höhere" Messung am 14. Tag (Pfeil)**. Nach dem **Höhepunkt ● mit EW** kann ein **S** von „weniger guter Qualität" auftreten. Sobald 3 „höhere" Messungen hintereinander vorliegen, lässt sich Folgendes sagen:

- **Die fruchtbare Zeit liegt innerhalb der 6 bis 7 vorausgegangenen niedrigeren Messungen sowie in der 1. und 2. „höheren" Messung**, sehr selten noch am Morgen der 3. „höheren" Messung.

- **Der günstigste Zeitpunkt für eine Empfängnis liegt am Ende des S der besonders fruchtbaren Tage, beziehungsweise knapp danach,** oder knapp vor dem Temperaturanstieg und in der 1. „höheren Messung", das ist wichtig bei **Kinderwunsch** (siehe Kapitel „Kinderwunsch und NER").

- **Ab dem Abend der 3. „höheren" Messung ist eine Empfängnis nicht mehr möglich**, wenn bestimmte Auswertungsregeln erfüllt sind (siehe **Tabelle 5**).

Verhalten bei Kinderwunsch
(siehe Kapitel „NER und Kinderwunsch", ab Seite 100)
Wenn trotz monatelangem Bemühen, normalem Zyklusverlauf und normalem Spermienbefund des Mannes eine Schwangerschaft nicht eintritt, soll man ab Beginn des Zyklus bis gegen Ende des **S** der besonders fruchtbaren Tage mit dem ehelichen Einswerden warten, um eine bestmögliche Konzentration der Samenzellen zu erreichen. Zu häufiges Einswerden ist bei Kinderwunsch nicht immer zielführend. Sollte der Spermienbefund des Mannes schlecht sein, hat es sich bewährt, zur besten fruchtbaren Zeit an einem Tag zweimal Verkehr zu haben. Das erscheint fast paradox zu sein, ist aber durch die praktische Erfahrung bestätigt. Wenn die Frau spürt, dass sie sofort Samenflüssigkeit verliert, möge sie das Gesäß mit einem Polster für etwa 20 Minuten hochlagern.

Tabelle 5: Sicher unfruchtbare Tage

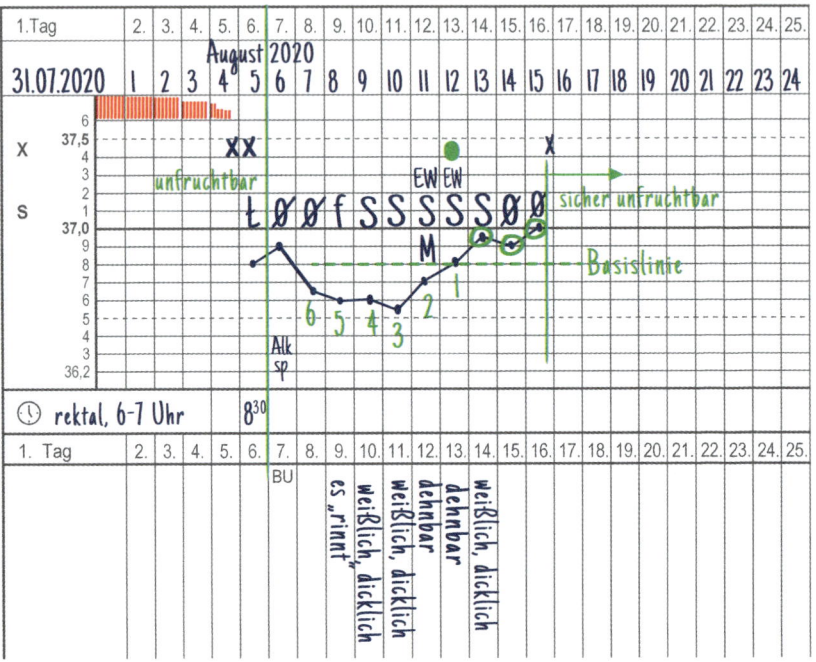

Die sicher unfruchtbare Zeit nach erfolgtem Anstieg der Aufwachtemperatur:

■ Nach dem Schleim-Höhepunkt ● sucht man 3 „höhere" Messungen hintereinander, die „höher" sind als die höchste der 6 vorausgegangenen Messungen.

Die 3 „höheren" Messungen werden mit einem kleinen Kreis („Kringel") umrandet, die 6 niedrigeren Messungen mit den Ziffern 1 bis 6 zurücknummeriert. Aus Tabelle 5 kann ersehen werden, dass die umrandeten „höheren" Messungen **nicht ständig ansteigen müssen**. Es kann eine nachfolgende „höhere" Messung wieder etwas niedriger sein als die vorausgegangene „höhere" Messung (im obigen Beispiel ist die Messung am 15. Tag niedriger als am 14. Tag). Maßgebend ist, dass jede Messung – für sich **allein betrachtet** – „höher" ist als jede einzelne der 6 niedrigeren Messungen.

Als 1. „höhere" Messung darf eine Messung bereits dann umrandet werden, wenn sie die Hälfte von 0,1 °C höher ist als der höchste Messpunkt der 6 tieferen Messungen. Es kann eine Hilfe sein, wenn man **durch den höchsten Messpunkt** der 6 tieferen Messungen eine Hilfslinie zieht (**Basislinie**: in Tabelle 5 strichlierte Linie).

Ab dem Abend der 3. „höheren" und umrandeten Messung liegt eine sicher unfruchtbare Zeit vor, wenn

1. die 3 „höheren" Messungen nach dem Höhepunkt ● liegen, und wenn
2. die 3. „höhere" Messung mindestens 0,2 °C höher ist als die höchste Messung der 6 niedrigeren Werte.

Wenn diese Bedingung nicht erfüllt wird, dann geben die Tabellen 8.1, 8.2, 8.3 und 8.4 und 9 weitere Hinweise.

In der obigen Tabelle liegt die 3. umrandete „höhere" Messung genau 0,2 °C höher als der höchste Messpunkt der 6 niedrigeren Messungen, was besonders leicht mit Hilfe der strichlierten **Basislinie** zu ersehen ist.

Damit die Anfängerin bei der Auswertung an Sicherheit gewinnt, kann sie 4 „höhere" Messungen abwarten. Aber die Feststellung der sicher unfruchtbaren Zeit nach den notwendigen 3 „höheren" Messungen ist ab dem ersten beobachteten Zyklus möglich.

Das Zeichen **X** (ehelicher Verkehr) ist in Tabelle 5 am Abend der 3. „höheren" Messung eingetragen (**X** steht im rechten Teil der Tagesspalte; Eintragung im linken Teil der Tagesspalte bedeutet ehelichen Verkehr am Morgen).

Bei der Festlegung der absolut unfruchtbaren Zeit wird nichts über den „Tag des Eisprungs" ausgesagt, da er sich nicht bestimmen lässt. Anleitungen, die irgendeinen Tag der Temperatur oder des **S** als „Tag des Eisprungs" bezeichnen, sind irreführend und immer wieder die Ursache für überraschende Schwangerschaften.

Wenn man kein Zeichen S beobachten oder „f" empfinden kann, muss man auf jeden Fall 4 höhere Messungen abwarten, die höher sind als die 6 vorausgegangenen tieferen Messungen. Für jemanden, der ein Zeichen **S** hat, es jedoch nicht einträgt, können sogar 4 höhere Messungen nicht ausreichend sein.

Warnung: Frauen, die S haben, sich aber weigern, S zu beobachten und einzutragen, können nicht beraten werden, da es bei einer alleinigen Temperaturmethode zu überraschenden Schwangerschaften kommen kann.

Der Zyklus endet mit dem Absinken der Aufwachtemperatur, beziehungsweise mit dem letzten blutungsfreien Tag vor der nunmehr zu erwartenden Menstruation (siehe nächste Tabelle 6).

Tabelle 6: Aufwachtemperatur bis zur nächsten Menstruation

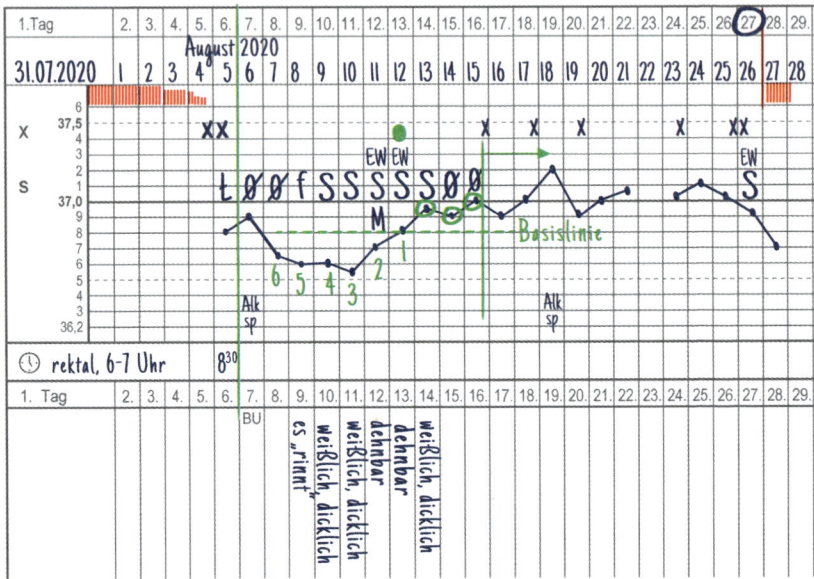

Wenn an einem Tag die Messung unterbleibt, wird auch keine Verbindungslinie zwischen den hier auseinanderliegenden Messpunkten gezeichnet (siehe 23. Tag, der freigelassen ist). Bevor die Menstruation einsetzt, sinkt die Aufwachtemperatur für gewöhnlich ab. Vor dem Beginn der eigentlichen Regelblutung kann manchmal etwas Schleim aus der Gebärmutter abgehen, der ähnlich aussieht wie Zervixschleim und sogar die Beschaffenheit von zum Beispiel **S-EW** annehmen kann (in obiger Tabelle am 27. Tag). Auch inmitten der Temperaturhochlage kann manchmal ein Ausfluss auftreten, der ähnlich wie **S** aussieht. Das ist bedeutungslos.

Vor Einsetzen der Menstruation können manche Frauen leichte Vorblutungen oder einen bräunlichen Abgang haben. Für die meisten Frauen ist dies nicht als 1. Tag der Regelblutung anzusehen, wenn sich die Temperatur noch auf der Hochlage befindet. Wenn Sie die Vorblutungen beunruhigen, können Sie Ihren Frauenarzt fragen, ob eine Behandlung notwendig ist. Für gewöhnlich kann man das Ende des Zyklus auch am Absinken der Temperatur erkennen. Wenn die Menstruation in der üblichen Stärke deutlich einsetzt, ist dies auf jeden Fall der 1. Tag des neuen Zyklus, selbst wenn die Temperatur noch immer auf Hochlage sein sollte. Manche Frauen neigen dazu, dass die Temperatur erst im Verlauf der Menstruation absinkt.

Der Tag des Einsetzens der nächsten Menstruation (das Kästchen unter dem betreffenden Tag wird rot angezeichnet!) ist zugleich der **1. Tag des nächsten Zyklus** und wird unter dem gedruckten 1. Tag der nächsten Tabelle eingetragen (siehe Tabelle 7).

Die rote Trennlinie vor dem Einsetzen der Menstruation zeigt das Ende des Zyklus an: Vor der roten Trennlinie ist hier der 27. Tag dick umrandet, was angeben soll, dass hier ein 27-Tage-Zyklus vorliegt.

Falls einmal – sehr selten – nach dem Absinken der Temperatur eine Blutung nicht eintreten sollte, ist der Beginn eines neuen Zyklus mit fruchtbaren Tagen anzunehmen (vergleiche auch Seite 41).

Sobald die Menstruation eintritt, kann angenommen werden, dass der Eisprung (Seite 51, Abb.3) höchstwahrscheinlich **etwa 12 bis 16 Tage vor der Menstruation** erfolgt ist. Wer nachträglich die möglichen Tage der Ovulation (des Eisprungs) zu Kontrollzwecken mit dem **Höhepunkt ●** vergleichen will, kann von der Regelblutung ausgehend mit Rotstift zurücknummerieren, wie es in den folgenden **Tabellen 7 und 8** vorgenommen ist. Unter dem 12. bis 16. zurücknummerierten Tag werden kleine rote Kreise eingezeichnet, um die möglichen Tage der Ovulation anzudeuten.

Der letzte Tag des besten S in dem betreffenden Zyklus ist der Höhepunkt ● (nicht der Tag mit der größten Menge). Der Eisprung kann bis zu drei Tage vor und drei Tage nach dem Höhepunkt eintreten. Wenn man Temperaturwerte als Bezugspunkte nimmt, dann kann der Eisprung bis zu 4 Tage vor dem Temperaturanstieg gelegen sein, er kann aber auch erst in der ersten und zweiten „höheren" Messung erfolgen.

Wichtige Wiederholung:

Lassen Sie sich nie einen bestimmten Zyklustag als „Tag des Eisprungs" einreden. Sonst kann es zu überraschenden Schwangerschaften kommen!

Tabelle 7: Schwankungsform des Zyklus und unfruchtbare Tage zu Beginn des Zyklus

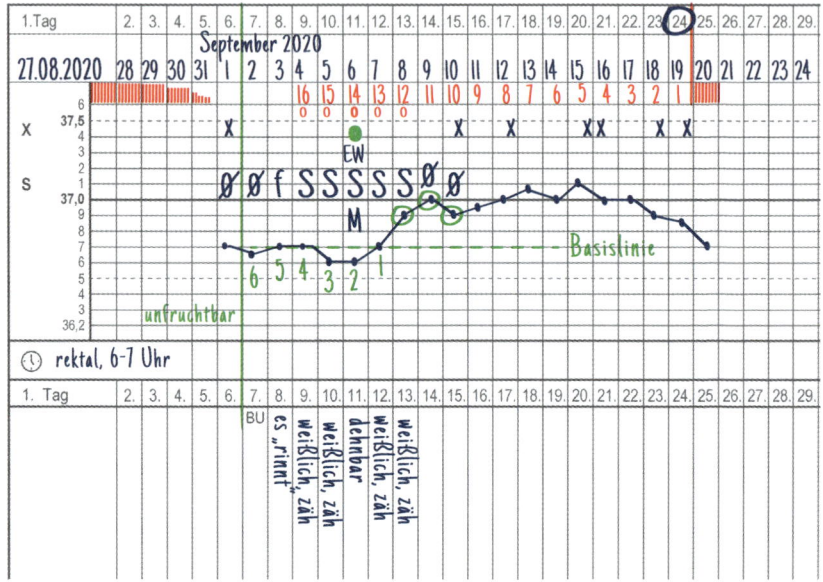

Die einzelnen „Regelmonate" (Zyklen) haben selbst bei ein und derselben Frau verschiedene Längen (**Schwankungsform des Zyklus**): in Tabelle 6 ein 27-Tage-, im darauffolgenden Regelmonat (Tabelle 7) ein 24-Tage-Zyklus.

Beachten Sie bitte, dass die **Rücknummerierung 1 bis 6** der niedrigen Messungen **von der 1. umrandeten höheren Messung aus** vorzunehmen ist und nichts mit dem Höhepunkt ● zu tun hat. Es kann nur zufällig so sein, dass die Ziffer 1 unter dem Höhepunkt ● zu stehen kommt. Es hat sich praktisch bewährt und schützt vor Irrtum, wenn man die Rücknummerierung von 1 bis 6 sofort vornimmt, sobald die 1. höhere Messung umrandet ist.

Die drei höheren Messungen müssen nicht unbedingt sofort nach dem **Höhepunkt** ● liegen, da es auch zu einem verzögerten Temperaturanstieg kommen kann (siehe Tabelle 11). Man muss eben unbedingt warten, bis die 3 oder 4 höheren Messungen nach unseren Regeln feststehen, **wenn man eine sicher unfruchtbare Zeit bestimmen will.**

In Tabelle 7 ist die 3. umrandete Messung 0,2 °C höher als die höchste der 6 tieferen Messungen. Somit besteht bei diesem Zyklus eine **sicher unfruchtbare Zeit** ab dem Abend des 15. Tages. Mit Hilfe der Basislinie (strichlierte Linie) ist leicht zu erkennen, dass die 3. umrandete Messung 0,2 °C über der Basislinie liegt (Regel ist erfüllt: siehe Text zu Tabelle 5). Die rote Rücknummerierung von 1 bis 16 ist im Text zu Tabelle 6 erklärt. Diese Rücknummerierung wird von Frauen gerne zu Kontrollzwecken gemacht, muss aber nicht vorgenommen werden.

Können in einem derart kurzen Zyklus die ersten 6 Tage unfruchtbar sein?

Wenn sich in einem kurzen Zyklus, wie im obigen 24-Tage-Zyklus, ein Temperaturverlauf findet, bei dem die zurücknummerierten 6 niedrigeren Messungen nicht in den 6. Tag oder einen früheren Tag des Zyklus hineinreichen, dann können sich die ersten 6 Zyklustage im Nachhinein als unfruchtbar erweisen (siehe auch weiter unten), aber nur unter folgenden Voraussetzungen:

1. Am 6. Tag oder früher dürfen **keine Zeichen der Fruchtbarkeit zu beobachten sein** (= **S** oder **f**, Seite 27).

2. Bei der Eintragung unter dem **1. Tag muss es sich um eine echte Menstruation handeln.**

   Eine echte Menstruation erkennt man daran, dass sich vor ihrem Einsetzen eine Temperaturhochlage befindet (ist für diese Frau aus Tabelle 6 zu ersehen). Die Blutung gilt auch dann als echte Menstruation, wenn die vorausgegangene Hochlage verkürzt war. Es ist nur notwendig, dass die 3 oder 4 umrandeten höheren Messungen nach den im Text zu Tabelle 5 angeführten Auswertungsregeln vorliegen. Die Hochlage kann sogar **extrem verkürzt** sein, was insbesondere in den Reifejahren **beim Mädchen, nach Entbindungen** und **in den Wechseljahren** vorkommen kann.

Wenn sich **vor einer Blutung keine Temperaturhochlage** feststellen ließ, dann dürfen während dieser Blutung keine unfruchtbaren Tage angenommen werden. Es könnte sein, dass im Zusammenhang mit einer derartigen Blutung oder bald danach ein Eisprung eintritt. Das ist von besonderer Bedeutung in der Zeit **nach einer Entbindung und in den Wechseljahren** (Tabellen 8.4 und 17).

Unfruchtbare Tage zu Beginn des Zyklus

Die Wahrscheinlichkeit, dass ehelicher Verkehr am 6. Tag oder früher zu einer Schwangerschaft führt, liegt bei weniger als **1 Schwangerschaft auf 6.000 Zyklen** (von uns ausgezählt[30, S. 370]). Wenn man diese Zahl auf den **Pearl-Index** umrechnet (siehe Seite 105), dann ist der Pearl-Index kleiner als 0,2 (Verlässlichkeit mehr als 99,8 Prozent). **Dieses Ergebnis ist besser als manche Ergebnisse der „Pille".** Schwangerschaften vom 6. Tag oder früher sind bei kurzen Zyklen mit folgender Eigenart möglich:

- Zeichen der Fruchtbarkeit, insbesondere **S-EW**, treten unmittelbar nach der Menstruation, zum Beispiel bereits am 6., 5. oder 4. Zyklustag auf (sehr selten!) und/oder
- die 6 zurücknummerierten niedrigeren Messungen reichen in den 6. oder in einen noch früheren Tag hinein. Das ist ein Hinweis, dass vom 6. Tag her oder früher eine Schwangerschaft entstehen könnte.

Meist haben kurze Zyklen auch eine verkürzte Temperaturhochlage, sodass man aus dem Bild des gesamten Zyklus mit der Lage von S ersehen kann, ob die ersten 6 Tage noch unfruchtbar sind (zum Beispiel in dem 22-Tage-Zyklus von Tabelle 13). Wenn am 6. Tag ein Zeichen der Fruchtbarkeit, zum Beispiel f oder S, auftreten sollte, muss der 6. Tag als fruchtbar angesehen werden (vergleiche Tabelle 12: die betreffende Frau nimmt wegen der Eigenart ihrer kürzesten 21-Tage-Zyklen keine unfruchtbaren Tage zu Beginn des Zyklus an, da bei ihr immer wieder am 5. und 6. Tag S-EW auftreten kann).

Unter welchen Voraussetzungen die **Anfängerin** Unfruchtbarkeit bis einschließlich 6. Tag des Zyklus annehmen darf, wurde bereits besprochen (siehe Text zu Tabelle 2).

Zur **Bestimmung von weiteren unfruchtbaren Tagen** zu Beginn des Zyklus sind verschiedene Regeln entwickelt worden. Zunächst muss man die **Aufzeichnungen von zumindest 12 nach sympto-thermal Rötzer beobachtete Zyklen** haben. Je mehr Zyklen vorliegen, umso verlässlicher wird die betreffende Regel. Man darf daher nicht nur die 12 letzten Zyklen zur Beurteilung heranziehen, sondern alle vorliegenden Zyklen. Wenn zum Beispiel eine früheste 1. höhere Messung (siehe nächster Absatz) einmal vor Jahren zur Beobachtung gekommen sein sollte, kann es ohne weiteres sein, dass sie in Zukunft wieder einmal eintritt.

36

1. Beachten Sie zunächst folgende sehr wichtige Regel, die wir als „modifizierte Döring-Regel" bezeichnen:

■ Sobald **zumindest 12 Zyklen** mit Temperaturmessung und Beobachtung von **S** vorliegen, sieht man alle Zyklen durch, an welchem Tag des Zyklus die **früheste eingetretene 1. umrandete höhere Messung** liegt.

Bei Tabelle 4 wurde erwähnt, dass die fruchtbare Zeit in der 6. bis 7. vorausgegangenen niedrigeren Messung beginnen kann. Prof. Döring[5, 6], München, ging deshalb von der frühesten eingetretenen 1. höheren Messung aus. Vom Tag dieser Messung werden 6 Tage zurücknummeriert und eine Grenzlinie gezogen. Döring sah die Tage zu Beginn des Zyklus bis zur Grenzlinie als unfruchtbar an. Diese Regel zeigte sehr gute Ergebnisse. Allerdings können, wenn auch sehr selten, Schwangerschaften selbst 7 Tage vor der 1. höheren Messung eintreten. Deshalb verwenden wir eine „modifizierte Döring-Regel": **vom Tag der frühesten eingetretenen 1. höheren Messung werden 7 Tage zurücknummeriert:**

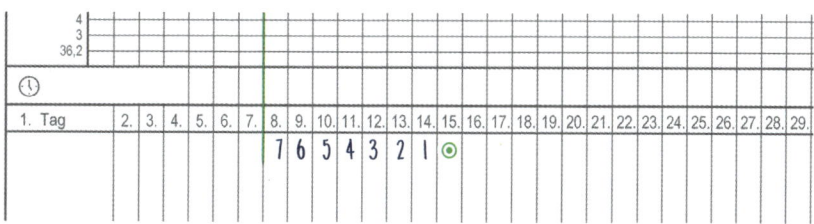

Im obigen Beispiel war die früheste 1. höhere Messung aus einer Serie von zumindest 12 vorausgegangenen Zyklen am 15. Tag. Unterhalb des 15. Tages der Temperaturtabelle wird daher das Symbol für die 1. umrandete höhere Messung eingetragen: **ein umrandeter Punkt.** Davor finden sich die Ziffern 1 bis 7. Die Zahl 7 steht unter dem 8. Tag. Vor dem 8. Tag ist ein dicker Strich gezogen (**Grenzlinie**), der angibt, dass bis einschließlich 7. Tag eine unfruchtbare Zeit vorliegt, allerdings **nur dann, wenn am Tag oder an den Tagen vor der Grenzlinie keine Zeichen der Fruchtbarkeit vorhanden sind, zum Beispiel f** oder **S.** Zeichen der Fruchtbarkeit geben an, dass die fruchtbaren Tage auch bereits vor der Grenzlinie beginnen können.

Ausnahme von der 7-Tage-Zurücknummerierung:

■ Wenn die früheste 1. höhere Messung **am 13. Tag oder früher** liegt, werden **nur 6 Tage zurücknummeriert:**

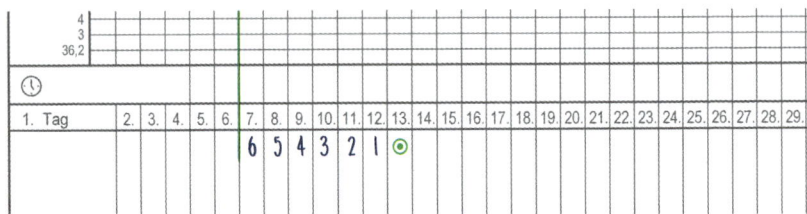

Kurze Zyklen haben die Eigenart, dass die fruchtbare Zeit kürzer ist und ein Zurücknummerieren von 7 Tagen nicht notwendig erscheint. Das hat sich in der Praxis bisher sehr bewährt. Wer grundsätzlich 7 Tage zurücknummerieren will, kann dies selbstverständlich tun.

2. Rechenregel „kürzester Zyklus weniger 20":

Wenn eine Übersicht über zumindest 12 Zyklen ergibt, dass der kürzeste Zyklus zum Beispiel 27 Tage beträgt, kann man die Rechenregel „kürzester Zyklus weniger 20" anwenden. 27 weniger 20 ergibt 7: Zu Beginn des Zyklus darf daher

▶ der 7. Tag als letzter unfruchtbarer Tag angenommen werden (**nicht bei einer Anfängerin**) – unter der Voraussetzung, dass nicht bereits vorher Zeichen der Fruchtbarkeit auftreten (siehe oben).

Diese Regel ist eine große Hilfe für die Anfängerin, die wenigstens Kalenderaufzeichnungen über das Eintreten der Blutungen hat; sie kann feststellen, ob sie die ersten 6 Zyklustage als unfruchtbar annehmen darf (vergleiche unbedingt Seite 20). Diese Regel ist auch wichtig für Frauen, die nur lückenhaft Temperatur messen und daher nicht verlässlich sagen können, an welchem Tag die früheste eingetretene 1. umrandete höhere Messung liegt. Für die erfahrene Frau, die ihre früheste 1. höhere Messung stets verlässlich bestimmt, hat die „20er-Regel" keine Bedeutung, da die **modifizierte Döring-Regel (abgekürzt MDR) immer Vorrang hat.**

Die „20er-Regel" ist für die meisten Frauen zu streng und gibt oft zu viele fruchtbare Tage an. Mit Hilfe der **MDR** gewinnt man meistens mehr unfruchtbare Tage.

3. „Auseinandersetzung" mit der „6-Tage-Regel":

Wenn auf Grund der **MDR** zu Beginn des Zyklus mehr als 6 Tage unfruchtbar sind, wird die Verlässlichkeit der **„6-Tage-Regel"** erhöht. Wenn man dann nur die ersten 6 Tage als unfruchtbar annimmt, kann deren Verlässlichkeit zur Vermeidung einer Empfängnis an die 99,9 Prozent heranreichen; das ist verlässlicher als „Pille" oder operative Sterilisation. **Jedoch:** Es müssen fruchtbare Tage angenommen werden, falls Zeichen der Fruchtbarkeit am 6. Tag oder früher auftreten sollten. **Merksatz: Zu Beginn des Zyklus gibt es keine hundertprozentige Verlässlichkeit (Seite 105).**

4. Die sogenannte „Feinbeobachtung":

Die „Feinbeobachtung" f ist bei Tabelle 1.1. beschrieben: f meint eine Empfindung **im Inneren der Scheide.** In anderen Büchern wird eine äußerliche Empfindung am Scheidenausgang mit **f** beschrieben. Das möge bitte beachtet werden. Für uns ist **f** das erste Zeichen einer möglichen Fruchtbarkeit.

Die bisherige Erfahrung zeigt, dass die Tage vor der Empfindung von **f** von der erfahrenen Frau als unfruchtbar angesehen werden dürfen. Die Verlässlichkeit ist als sehr hoch einzustufen. **Die Mithilfe vieler Frauen könnte mehr über die Verlässlichkeit dieser Empfindung aussagen.**

Vor einer gewünschten Schwangerschaft sollte jede Frau zumindest ein Jahr lang testen, ob bei ihr alle Tage zu Beginn des Zyklus bis zum Auftreten von **f** unfruchtbar sind. Wichtig ist die eigene Erfahrung, ob die eigenen Beobachtungen richtig sind; dann werden diese auch in der Zeit nach einer Entbindung verlässlich sein.

5. Die Selbstuntersuchung des Muttermundes:

Die Muttermunduntersuchung ist bei Tabelle 19 erklärt. Sie kann insbesondere zu Beginn des Zyklus die genaueste Abgrenzung der unfruchtbaren Tage und das beste Eingrenzen der fruchtbaren Tage ermöglichen. Sie kann für Frauen hilfreich sein, welche die **„Feinbeobachtung"** als Empfindung von **f** nicht haben; sie kann auch gegebenenfalls mit der Empfindung von **f** kombiniert werden.

Tabelle 8: Abgekürztes und vereinfachtes Verfahren

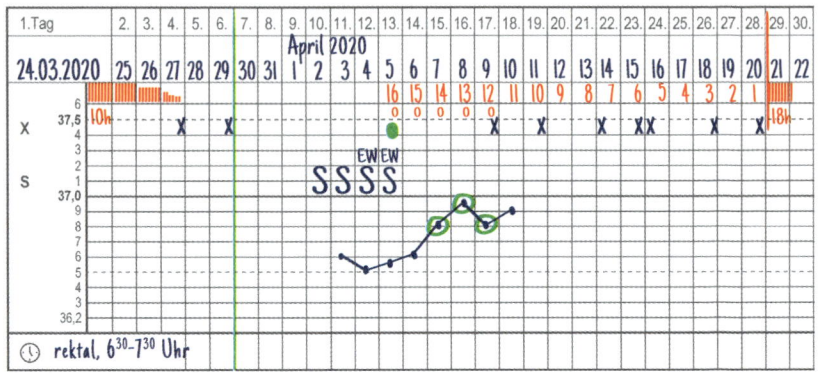

Wenn nur **die ersten 6 Tage** als unfruchtbar angenommen werden – falls dies Ihre Zyklen zulassen – und ehelicher Verkehr erst **in der sicher unfruchtbaren Zeit** (Tabelle 5) wieder aufgenommen wird, sind für die erfahrene Frau vereinfachte Aufzeichnungen möglich.

■ **Etwa ab Beginn des Zeichens S wird mit dem Messen der Aufwachtemperatur begonnen.**

■ **Messen Sie so lange, bis 4 „höhere" Messungen nach dem Höhepunkt ● feststehen.** Wenn weniger als 6 niedrigere Messungen vorliegen, müssen **deutlich** „höhere" Messungen vorhanden sein. Oder: Sie wissen, wo Ihre **übliche Temperaturhochlage** ist. Anhand aller bisher beobachteten Zyklen stellen Sie fest, **ab welcher Höhe Messpunkte bei Ihnen zur Hochlage gehören** (bei derselben Messart und ähnlicher Messzeit). Das kann sehr wichtig werden **in der Stillzeit** und **in den Wechseljahren** (in denen aber kein abgekürztes Verfahren geübt werden sollte!). Wenn die Temperatur nicht ansteigt, muss unbedingt weitergemessen und weiterhin eine möglicherweise fruchtbare Zeit angenommen werden!

■ Etwa 10 bis 15 Tage **nach dem Höhepunkt** ● oder 10 bis 14 Tage **nach der 1. „höheren" Messung** soll die Regelblutung eintreten. **Wenn sie nicht eintritt, sind sofort Kontrollmessungen vorzunehmen!**

Wenn eine Frau vielleicht jahrelang erlebt hat, dass mit überraschender Regelmäßigkeit **etwa zwei Wochen nach dem Höhepunkt** ● die Menstruation einsetzt, ist es für sie schwer vorstellbar, dass es auch einmal anders kommen kann. Sollte die Regelblutung einmal nicht zum erwarteten Termin eintreten, können sich bei Kontrollmessungen folgende Möglichkeiten ergeben:

■ **Die Temperatur ist auf der Hochlage und man findet mehr als 18 Tage, an denen sie auf der Hochlage gewesen sein muss.** Es liegt mit sehr großer Wahrscheinlichkeit eine **Schwangerschaft** vor. **Diese könnte aber nur dann eingetreten sein, wenn Sie entweder die Anwendungsregeln nicht eingehalten oder in der fruchtbaren Zeit empfängnisverhütende Maßnahmen angewendet haben** (siehe Tabelle 12 und Seite 107). Nach dem Eintreten der Schwangerschaft bleibt die Temperatur auf der **Hochlage**. Temperaturmessungen weiterführen, bis etwa 30 Messungen auf der **Hochlage** vorliegen (siehe Tabelle 15).

■ Es findet sich eine niedrigere Temperaturlage oder die Temperatur wird zusehends niedriger – was anzeigt, dass **keine Schwangerschaft** vorliegt. Wenn keine Schwangerschaft angestrebt wird, muss auf das eheliche Einswerden verzichtet und auf das neuerliche Auftreten von S mit anschließendem Temperaturanstieg gewartet werden. Was kann hier abgelaufen sein? Es gibt die äußerst seltene Möglichkeit – geradezu eine Rarität –, dass nach dem Ende der Hochlage keine Menstruation eintritt. Es kommt nur zu einem Absinken der Temperatur und es beginnt ein neuer Zyklus.

Wenn die Menstruation zum erwarteten Zeitpunkt ausbleibt, wird meist sofort eine Schwangerschaft angenommen. Man meint dann, dass ohnehin alles „gleichgültig" sei, und hat weiterhin uneingeschränkt ehelichen Verkehr. Es kann dann sein, dass erst dadurch die Schwangerschaft entsteht. **Aus diesem Grunde sind die erwähnten Kontrollmessungen sehr wichtig!!**

Wichtig: Dieses abgekürzte und vereinfachte Verfahren nicht anwenden bei Vorliegen einer absoluten Kontraindikation – wenn zum Beispiel eine Schwangerschaft unbedingt vermieden werden soll (siehe Seite 104 und Seite 121, Punkt 4) –, in der Zeit nach der Entbindung (Stillzeit) bis zum Eintreten der ersten echten Regelblutung (siehe Seite 70 f.) und in den Wechseljahren (siehe Seite 75).

Mehr über den Zyklusverlauf in den verschiedenen Lebensabschnitten findet sich in: Josef Rötzer/Elisabeth Rötzer, „Die Frau und ihr persönlicher Zyklus – Von der Vorpubertät bis in die Wechseljahre"[38] (ISBN 978-3-902336-01-9).

Tabelle 8.1, 8.2, 8.3: Sonderfälle (zu Tabelle 5, Seite 30)

Erster Sonderfall: Wenn die 3. „höhere" Messung die notwendige Temperatur-höhe nicht erreicht, ist eine **4. „höhere" Messung** abzuwarten. Diese muss dann nicht mehr unbedingt um mindestens 0,2 °C höher sein, sondern sie muss nur irgendwie höher sein als der höchste Messpunkt der **Tieflage (strichlierte Basislinie), also der 6 Messungen, die unmittelbar vor dem Anstieg der Temperatur liegen,** wie in nachfolgender **Tabelle 8.1** dargestellt ist:

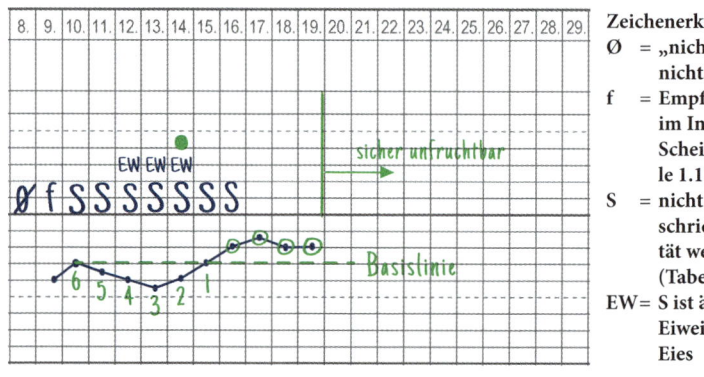

Zeichenerklärung:
Ø = „nichts gespürt, nichts gesehen"
f = Empfindungen im Inneren der Scheide (Tabelle 1.1)
S = nicht näher beschrieben, „Qualität weniger gut" (Tabelle 3)
EW = S ist ähnlich wie Eiweiß des rohen Eies

Zweiter Sonderfall: Innerhalb der 3 „höheren" Messungen nach dem **Höhepunkt ●** darf **eine Messung** (nur eine!) auf die Basislinie oder darunter abfallen; diese abgefallene Messung wird **nicht umrandet**, wie auf der folgenden **Tabelle 8.2 „Absinken der Temperatur für einen Tag"** zu sehen ist:

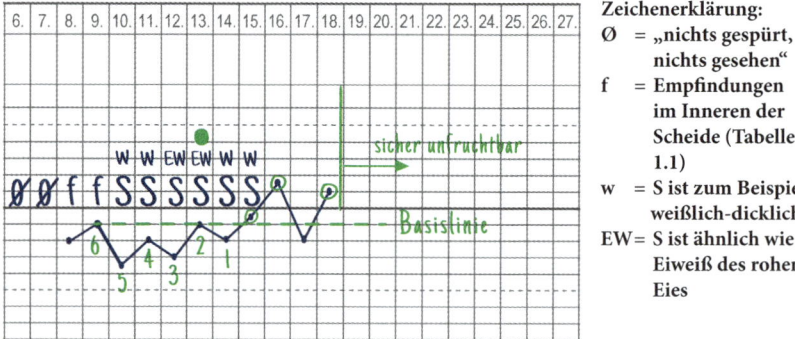

Zeichenerklärung:
Ø = „nichts gespürt, nichts gesehen"
f = Empfindungen im Inneren der Scheide (Tabelle 1.1)
w = S ist zum Beispiel weißlich-dicklich
EW = S ist ähnlich wie Eiweiß des rohen Eies

Tabelle 8.3: Temperaturzacken vor dem eigentlichen Temperaturanstieg

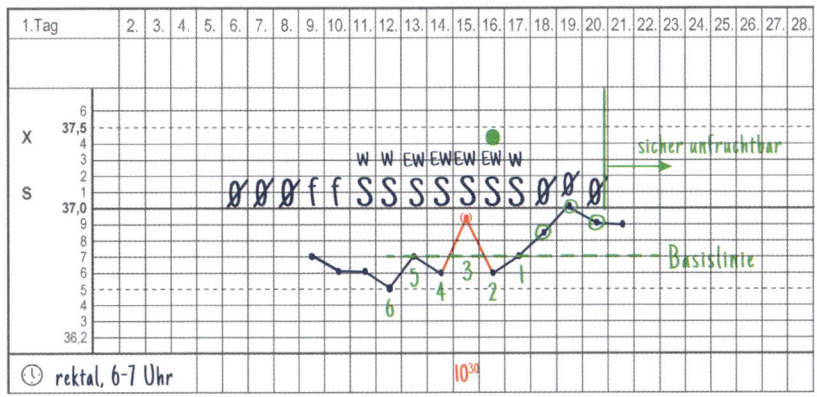

Temperaturzacken nach oben oder eine vorübergehende Hochlage, die aufgrund eines störenden Ereignisses erklärt werden können (zum Beispiel ein Tag mit späterer Messzeit – siehe obige **Tabelle 8.3** –, einige Tage „Erkältung", „Reise", „Aufregung" usw.: siehe auch die Aufzählung im **Anhang A**, Seite 121 f.) sollen in **Klammer** gesetzt werden (hier am 15. Tag). Wenn nur ein Messwert gestört ist, hat dies keinen Einfluss auf die Rücknummerierung 1 bis 6. Die durch eine Störung erklärte Temperaturzacke wird bei der Beurteilung der niedrigeren Messungen vernachlässigt, beeinflusst also nicht die strichliert eingezeichnete **Basislinie**.

Wenn mehrere Messungen gestört sind, dann kann man sich mit der **Basislinie** an noch früher im Zyklus befindlichen Messpunkten der Tieflage orientieren.

Ergänzende Bemerkungen zu üblichen Fachausdrücken:

Ein Zyklus mit Tieflage und Hochlage der Temperatur heißt **biphasischer Zyklus**; man sollte dazu nicht „**ovulatorischer**" Zyklus sagen, da ein Temperaturanstieg kein Beweis für eine Ovulation ist (Seite 54). Wenn sich nur eine Tieflage zeigt und dann eine Blutung eintritt, wird oft der Ausdruck **monophasischer Zyklus** (nur **eine** Temperaturphase) gebraucht. Meist liegt aber eine **Zwischenblutung** vor (siehe **Tabelle 8.4**). Es ist dies ein **monophasischer Verlauf**, zu dem man nicht „**anovulatorischer**" Zyklus sagen sollte.

Tabelle 8.4: Zwischenblutung

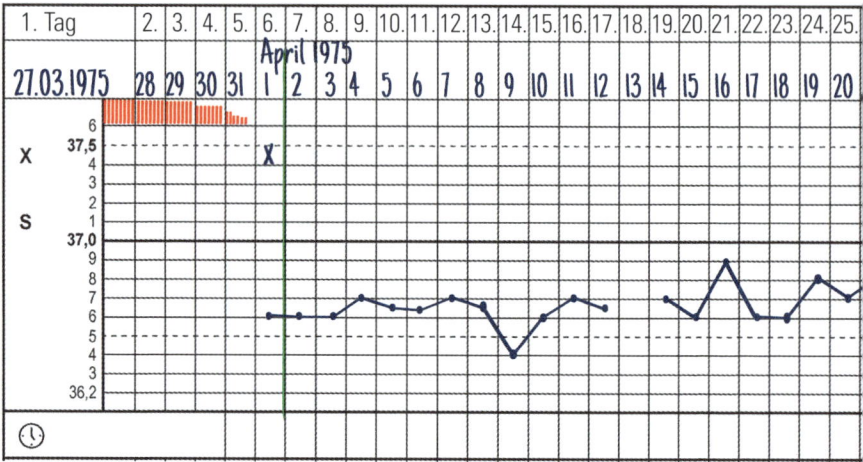

1. Tag																								
27.03.1975	28	29	30	31	1	2	3	4	5	6	7	8	9	10	11	12	13	14	15	16	17	18	19	20

Eine **echte Menstruation** ist nur dann gegeben, wenn vor der Blutung eine Hochlage der Temperatur ausgebildet ist (Tabelle 7, Seite 35). Wenn keine Hochlage vorhanden ist und in der Tieflage eine Blutung eintritt (wie in obiger Tabelle 8.4 am 27. Tag), ist dies eine **Zwischenblutung**.

Alle Tage einer Zwischenblutung sind möglicherweise fruchtbar! Die Zwischenblutung kann Schleim verdecken, und es kann in einer Zwischenblutung zum Eintreten einer Schwangerschaft kommen („Ovulationsblutung").

In obiger Tabelle 8.4 ist vor der am 27. Tag einsetzenden Blutung keine Hochlage. Eine Blutung am 27. Tag könnte sehr leicht für eine Menstruation gehalten werden, wenn keine Temperaturmessungen vorliegen. Manche Behauptungen, dass eine Frau während der Menstruation schwanger geworden sei, können auf diese Weise geklärt werden. Wenn Sie eine derartige Behauptung hören, sollten Sie nachfragen, ob die Temperatur gemessen wurde.

Zwei Tage nach dem Ende obiger Zwischenblutung erfolgt ein Temperaturanstieg. Wenn sich im Anschluss an eine Zwischenblutung kein S zeigt, ist der **letzte Tag der Zwischenblutung** wie ein **Höhepunkt** ● zu werten (wie in Tabelle 17, Seite 70). Manchmal geht die Zwischenblutung in ein S über. Die rote Rücknummerierung zeigt, dass diese Zwischenblutung an möglichen Tagen des Eisprungs eintrat.

Die obige Aufzeichnung aus dem Jahr 1975 stammt von einer 20-jährigen Frau, die leider die Beobachtung des S unterlassen hat.

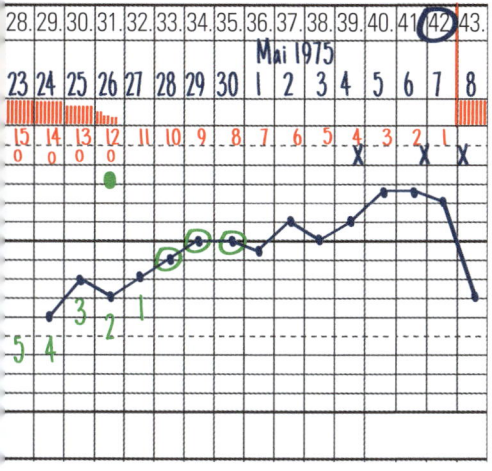

Zwischenblutungen sind in den Altersgruppen, welche die besten fruchtbaren Jahre einer Frau umfassen, selten; sie sind eher beim jungen Mädchen in den Reifejahren zu erwarten sowie in der Zeit nach einer Entbindung und in den Wechseljahren.

Hier soll noch ein Wort zu den **„Zyklen" beim Mädchen in den Reifejahren** gesagt werden (vergleiche auch Seite 50, 54). Es können jahrelang Blutungen in sehr unregelmäßigen Abständen auftreten, von etwa 2 bis 3 Wochen Abstand angefangen bis über 100 Tage Abstand. Eine Temperaturhochlage kann oft fehlen oder stark verkürzt sein. Eine Behandlung ist meist nicht notwendig, da diese Unregelmäßigkeiten nach einigen Jahren von selbst verschwinden. Es ist im Allgemeinen nicht ratsam, deswegen sofort eine Hormonbehandlung durchzuführen. Mädchen werden ihre „Zyklen" besser verstehen, wenn sie versuchen, zumindest Aufzeichnungen der Beobachtung des Zervixschleims zu machen. Vor allem von Müttern, die seit vielen Jahren mit unserem Beratungsdienst zusammenarbeiten, erhalte ich laufend Aufzeichnungen ihrer Töchter, zum Teil sogar mit Eintragung von Temperatur und Zervixschleim. Die bisher jüngste „Teilnehmerin", die eine Temperaturkurve führte, war 9 Jahre alt. Einige Wochen nach Beginn der Temperaturmessung trat bei diesem Mädchen die erste Blutung ein.

Wenn Mütter ihre Tabellen am Nachtkästchen offen liegen lassen, werden die Töchter neugierig, was diese wohl zu bedeuten haben! Das bietet dann eine gute Gelegenheit, mit den Mädchen über die Möglichkeit der Selbstbeobachtung zu sprechen. Eine ganze Reihe von Müttern besprachen diese Dinge mit ihren Töchtern bereits vor Eintreten der ersten Regelblutung. In diesen Altersgruppen kann schon in bestimmten zeitlichen Abständen der Abgang einer Art von Zervixschleim („weißlicher Ausfluss") beobachtet werden.

Der „Regelmonat" (Zyklus)

Für die einzelne Frau ist der Eintritt der Regelblutung (Menstruation) das auffäl-
ligste Ereignis im Verlauf des „Regelmonats". Das wichtigste Ereignis im „Regelmonat", im Zyklus, ist jedoch zweifellos **der Eisprung (Ovulation)**.
Jeder der beiden Eierstöcke einer jungen Frau enthält Tausende von Eizellen. Jede Eizelle ist zunächst von einer einfachen Zelllage umhüllt. Dies sind die
Follikel, die in diesem Stadium Primärfollikel heißen (siehe Abb. 2). Sie sind
winzige Gebilde, da jede Eizelle nur einen Durchmesser von weniger als 1/5 mm
hat, also von der Größe einer Nadelspitze ist und mit freiem Auge gerade noch
gesehen werden könnte. Die Eizelle ist übrigens die größte Zelle des mensch-
lichen Körpers.

Bevor die Eizelle aus dem Follikel freigegeben werden kann, muss ein Wachs-
tumsprozess vieler Follikel einsetzen. Es kommt zunächst zu einer Flüssigkeitsein-
lagerung in die Follikel (Bläschenfollikel, „Eibläschen"), wobei die Eizelle in der
Wand der Follikel im vorspringenden Eihügel eingelagert ist. Die Bläschenfollikel
werden größer, bis einer davon zum sprungreifen Follikel wird, der einen Durchmesser um 20 mm (2 cm) erreicht. Im Vergleich zum winzigen Primärfollikel
bedeutet dies ein immenses Wachstum. Erst jetzt kann ein **Follikelsprung (Eisprung** – präziser gesagt **„Eibläschensprung"**, Ovulation) erfolgen. Vergleiche
zu diesem Vorgang die Abb. 2 auf der folgenden Seite!

Die Follikelreifungsphase/Follikelphase

Zu Beginn des Zyklus wird von der Hirnanhangdrüse (Hypophyse) vermehrt
das Steuerhormon FSH (Follikel-Stimulierendes-Hormon) ausgeschüttet, das zu
einem Wachstum der Follikel führt. Es kommt zu einer Wachstumsphase, zur
Follikelreifungsphase, die zum Eisprung führen soll. Aus praktischen Gründen
zählen wir die Tage dieser Phase beginnend mit dem 1. Tag der Menstruation.

Die Follikelreifungsphase/Follikelphase ist
1. **verschieden lang bei verschiedenen Frauen,**
2. **verschieden lang in verschiedenen Zyklen bei ein und derselben Frau.**

Abb. 2: Eierstock

Als Voraussetzung für das mögliche Eintreten einer Ovulation muss es zuerst zu einem Follikelwachstum bis zum sprungreifen Follikel (Graafscher Follikel) kommen.

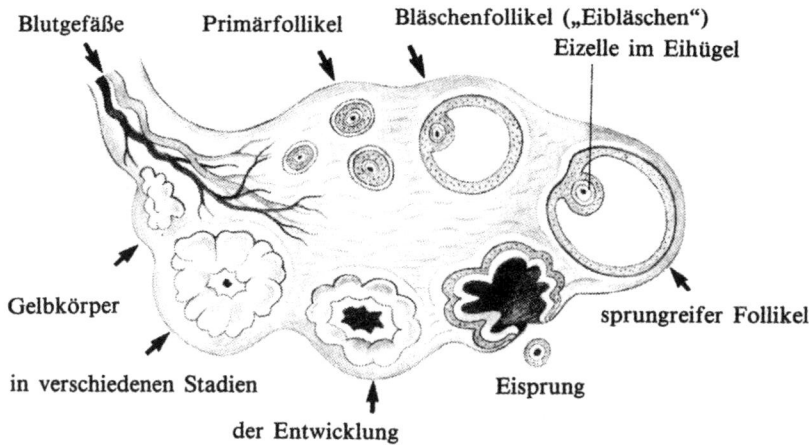

Blutgefäße — Primärfollikel — Bläschenfollikel („Eibläschen") — Eizelle im Eihügel — Gelbkörper — in verschiedenen Stadien — der Entwicklung — Eisprung — sprungreifer Follikel

In der Abb. 3 (Seite 51) ist das grafisch zum Ausdruck gebracht. Kurze Follikelreifungsphasen bedingen **kurze Zyklen,** bei denen der Ovulationstermin sehr früh im Zyklus liegt. Lange Follikelreifungsphasen führen zu **langen Zyklen,** bei denen der Eisprungtermin sozusagen „verspätet" auftritt. **Es ist höchste Zeit, mit dem Märchen des angeblich einzig normalen 28-Tage-Zyklus aufzuräumen, bei dem der Eisprung „immer am 14. Tag" gelegen sein soll** (siehe Tabelle 20, Seite 101).

Der Beginn der möglicherweise fruchtbaren Zeit

Der **Tag der Ovulation** kann mit den uns zur Verfügung stehenden Mitteln nicht bestimmt werden. Eine Frau kann jedoch an Hand von persönlichen Beobachtungen den **Beginn der fruchtbaren Tage** erkennen. Sobald nämlich wachsende Bläschenfollikel vorhanden sind, von denen einer zum sprungreifen Follikel werden soll, kommt es zur vermehrten Bildung bestimmter weiblicher Hormone, und zwar der Östrogene. Wenn der Östrogenspiegel im Blut ansteigt, bewirkt dies eine vermehrte Schleimproduktion im Halsteil der Gebärmutter, in der Zervix (siehe Abb. 4).

Jener Teil der Zervix, der etwas in die Scheide hineinragt, heißt „äußerer Muttermund" (Portio). **Sobald es nun zu einer vermehrten Zervixschleimproduktion kommt, zeigt dies an, dass die betreffende Frau in eine mögliche Eisprungphase eingetreten ist.** Außerhalb der erkennbaren Ovulationsphase ist ein Follikelsprung auf Grund des Fehlens eines sprungreifen Follikels nicht möglich. Die Zervixschleimproduktion zeigt außerdem an, dass nunmehr die Samenzellen (Spermien) ihre Befruchtungsfähigkeit im Körper der Frau für einige Tage behalten und auf die Ovulation warten können (mehr darüber auf Seite 55).

Wann kommt es zur Ovulation?

Immer wieder werden Frauen durch Behauptungen verunsichert, dass ehelicher Verkehr oder eine heftige sexuelle Erregung jederzeit einen Eisprung hervorrufen könnten; dies wäre eine sogenannte **provozierte Ovulation**. Beim Menschen kommt diese Form der Ovulation jedoch nicht vor. Es gibt sie nur bei bestimmten Tieren, zum Beispiel beim Kaninchen. In der gesamten Fachliteratur findet sich kein einziger bewiesener Fall einer provozierten Ovulation beim Menschen. Es liegen Zehntausende kontrollierter Zyklen vor, in denen nie ein Hinweis auf eine provozierte Ovulation gefunden werden konnte. An den als absolut unfruchtbar festgestellten Tagen ist nie eine Schwangerschaft eingetreten. Gerne können Frauen, die in dieser Hinsicht von Ärzten verunsichert worden sind, mit unserem Institut (www.iner.org) Kontakt aufnehmen.

Beim Menschen gibt es nur jene Form der Ovulation, die, eigenen Gesetzen folgend, nach verschieden langer Follikelreifungsphase von selbst eintritt. Der richtige Name für diese Art der Ovulation ist **Spontanovulation**. Diese erfolgt von selbst, spontan. Eigenartigerweise werden diese Begriffe oft verwechselt beziehungsweise falsch gebraucht.

Wenn die Östrogene im Blut einen gewissen Gipfel erreicht haben und wieder rasch absinken, ist das meist ein Hinweis dafür (es ist aber kein Beweis!), dass ein sprungreifer Follikel knapp vor dem Platzen steht. Üblicherweise kommt es dann durch das Steuerhormon LH (Luteinisierendes Hormon), ausgesendet von der Hirnanhangdrüse (Hypophyse), zum Platzen des Follikels und zur Freigabe der Eizelle (Abb. 2). Es kann aber auch vorkommen, dass trotz aller äußerer Anzeichen und Symptome, die für eine Ovulationsphase sprechen, kein Eisprung stattfindet.

Wenn zwei oder mehrere Follikel fast gleichzeitig Sprungreife erlangen und dadurch zwei oder mehr Eizellen freigegeben werden (Entstehung von zweieiigen **Zwillingen** usw.), dann ereignet sich dies innerhalb derselben Ovulationsphase, also innerhalb derselben Phase **des beobachtbaren Zervixschleims.**

Der Gelbkörper

Wie neueste Untersuchungsergebnisse zeigen, produziert bereits der sprungreife Follikel in geringem Ausmaß das **Gelbkörperhormon Progesteron.** Der eigentliche Gelbkörper wird dann in weiterer Folge aus der Wand des Follikels aufgebaut, meist aus der Wand des gesprungenen Follikels, bisweilen aber auch aus der Wand eines nicht geplatzten Follikels. In diesem Falle ergibt sich die eigenartige Situation, dass keine Ovulation erfolgt ist, es aber dennoch zur Ausbildung eines Gelbkörpers gekommen ist. Der Name „Gelbkörper" kommt daher, weil durch Einlagerung eines Farbstoffes dieses Gebilde eine gelbe Farbe annimmt.

Der Gelbkörper produziert nicht nur das Gelbkörperhormon Progesteron, sondern auch eine gewisse Menge Östrogene. Beide Hormone gemeinsam verhindern eine weitere Ovulation in der Gelbkörperphase des Zyklus. In dieser Phase des Zyklus ist noch nie eine Schwangerschaft beobachtet worden. Sobald die **Gelbkörperphase ausgebildet** ist, liegt eine absolut unfruchtbare Zeit vor (Zuverlässigkeit ist 100 Prozent, der Pearl-Index ist 0). Die vom Gelbkörper produzierten Hormone sollen vor allem die Schleimhaut der Gebärmutter zur Aufnahme einer befruchteten Eizelle, eines Kindes, vorbereiten. Wenn eine Eizelle nicht befruchtet worden ist, stellt der Gelbkörper nach etwa zwei Wochen seine Funktion wieder ein. Daraufhin kommt es zum Einsetzen der Menstruation.

Der Ablauf des Zyklus

Der Ablauf eines normalen Zyklus ist in Abb. 3 (Seite 51) dargestellt. Der zeitliche Abstand vom 1. Tag der Menstruation bis zum möglichen Ovulationstermin weist beträchtliche Unterschiede auf. Der Abstand von der Ovulation bis zur nächsten Menstruation ist keinen großen Schwankungen unterworfen, weswegen man von der **relativen Konstanz der Gelbkörperphase** spricht (etwa 12 bis 16 Tage).

Wenn dieser Abstand regelmäßig weniger als 10 Tage beträgt, liegt höchstwahrscheinlich ein unfruchtbarer Zyklus vor. Die fehlerhafte Steuerung in einem derartigen Zyklus kann bereits in der Follikelreifungsphase gelegen sein. Ohne dass ein Follikelsprung erfolgt ist, wäre es möglich, dass sich in der Follikelwand ein Gelbkörper entwickelt hat, der allerdings nicht genügend lang seine Funktion aufrechthält. Das wäre die Ursache, dass die nächste Menstruation früher einsetzt.

Mit dem Auftreten von verkürzten Gelbkörperphasen auf dieser Grundlage ist vor allem in den Reifejahren zu rechnen, wie auch in der Zeit nach einer Entbindung und in den Wechseljahren.

Hinter einer verkürzten Gelbkörperphase kann sich manchmal auch etwas anderes verbergen. Obwohl eine normale Ovulation erfolgt, stellt der Gelbkörper seine Tätigkeit vorzeitig ein, und es kommt zur nächsten Menstruation. Falls eine Eizelle befruchtet worden sein sollte – die Befruchtung findet im Eileiter nahe dem Eierstock statt –, kommt die befruchtete Eizelle (eigentlich ein Kind im frühesten Stadium, „Mensch von Anfang an") nach einigen Tagen Wanderung durch den Eileiter in der Gebärmutter an, während bereits eine Blutung eingesetzt hat. Diese Art der verkürzten Gelbkörperphase kann man behandeln und so zu einem guten weiteren Verlauf der Schwangerschaft beitragen. Bei verkürzter Gelbkörperphase und Kinderwunsch ist also stets ein Behandlungsversuch angebracht. Die Erfahrung zeigt, dass ständige Temperaturhochlagen von weniger als 10 Tagen Dauer oft mit Unfruchtbarkeit verbunden sind. Es kommt aber auch vor, dass eine Frau, die stets weniger als 10 Tage Temperaturhochlage hat, nach einiger Zeit – manchmal erst nach Jahren und ohne Behandlung – schwanger wird.

Wenn man derartige Zyklusstörungen bei der **jungen Frau** findet, soll man nicht nur deren Lebensalter berücksichtigen, sondern vor allem das Alter, in dem **die erste Blutung** (Menarche) eingetreten ist. Von diesem Alter her bestimmt sich das „gynäkologische Alter" der jungen Frau, das uns einiges über den Reifezustand des Zyklusgeschehens sagen kann. Zunächst kann es sein, dass junge Mädchen beim Messen der Aufwachtemperatur keine Temperaturhochlage finden (vergleiche dazu Tabelle 8.4, Seite 44) und trotzdem die nächste „Blutung" eintritt. Dann können sich verkürzte Temperaturhochlagen einstellen, die für eine ungenügende Gelbkörperphase sprechen. Dabei kann es sein, dass der Zervixschleim zwar gut beobachtbar ist, jedoch seine zeitlichen Beziehungen zum Temperaturanstieg und zur nächsten Regelblutung noch aus dem Rahmen des Normalen fallen. Gewöhnlich stellen sich erst nach Jahren normale Zyklusverhältnisse ein. Die Einnahme von Hormonen zur Empfängnisverhütung in diesen Reifejahren stoppt die biologische Ausreifung des Zyklus.

Abb. 3: Der Ablauf des „Regelmonats" (Zyklus)

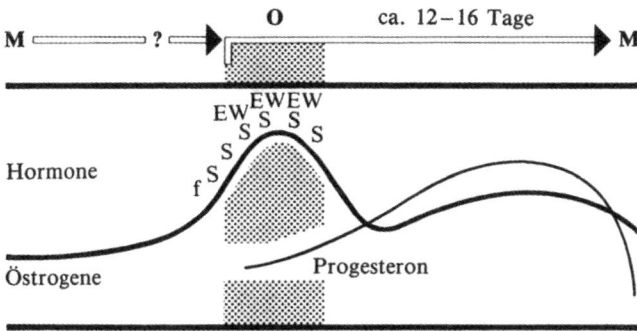

O = mögliche Tage des Eisprunges (Ovulation)

M = Menstruation (Regelblutung, Periode)

Abstand vom 1. Tag der Menstruation bis zur Ovulation kann verschieden lang sein, was mit dem Fragezeichen (?) für die verschieden lange Dauer der **Follikelreifungsphase** gekennzeichnet ist.

Der Abstand von der Ovulation bis zur nächsten Menstruation ist etwa 12 bis 16 Tage (11 bis 17), wenn ein normaler und fruchtbarer Zyklus vorliegt, und wird **Gelbkörperphase genannt. Das Gelbkörperhormon (Progesteron)** führt zum Ansteigen der Aufwachtemperatur um die Zeit der Ovulation.

Hormonspiegel im Blut nach der Menstruation:

Ansteigende Östrogene mit einem Gipfel knapp vor dem Ovulationstermin führen zu einer vermehrten Absonderung von Zervixschleim bereits einige Tage vor der Ovulation.

f = siehe Tabelle 1.1

S = Zervixschleim, wie er am Eingang zur Scheide beobachtet werden kann. Sein Aussehen ändert sich mit dem Anstieg und dem Abfall der Östrogene.

EW = In der besonders fruchtbaren Zeit kann S aussehen wie Eiweiß des **rohen Eies** („durchscheinend, dehnbar, ausziehbar"). Mehr darüber im Text zur Tabelle 3.

Je mehr eine Frau lernt, die Eigenschaften des S in der besonders fruchtbaren Zeit von denen in der weniger fruchtbaren Zeit zu unterscheiden, desto besser kann sie die fruchtbaren Tage eingrenzen.

Die Tabellen 1 bis 8 ab Seite 12 geben Ihnen alle notwendigen Hinweise, um sofort mit der Beobachtung Ihres Zyklus beginnen zu können.

Abb. 4: Die Zervix (Portio, „äußerer Muttermund") in der fruchtbaren Zeit

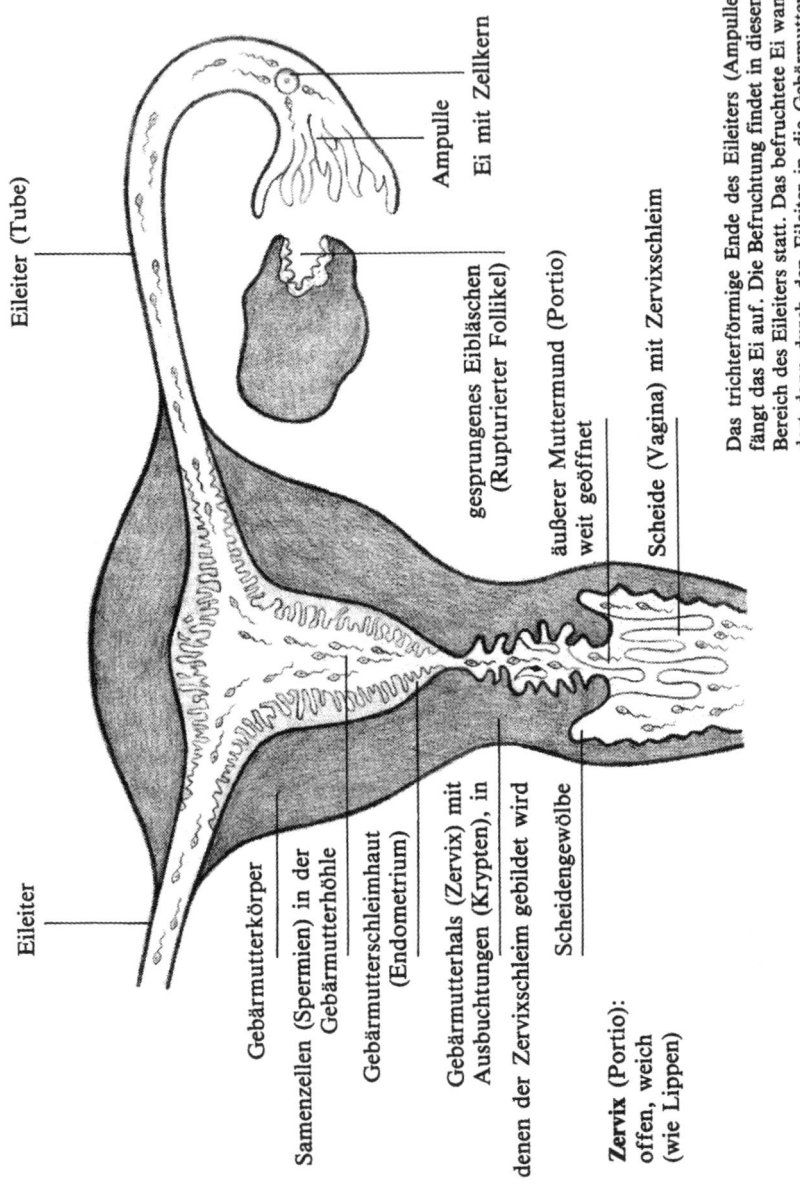

Eileiter (Tube)

Ampulle

Ei mit Zellkern

gesprungenes Eibläschen
(Rupturierter Follikel)

äußerer Muttermund (Portio)
weit geöffnet

Scheide (Vagina) mit Zervixschleim

Das trichterförmige Ende des Eileiters (Ampulle) fängt das Ei auf. Die Befruchtung findet in diesem Bereich des Eileiters statt. Das befruchtete Ei wandert dann durch den Eileiter in die Gebärmutter.

Eileiter

Gebärmutterkörper

Samenzellen (Spermien) in der
Gebärmutterhöhle

Gebärmutterschleimhaut
(Endometrium)

Gebärmutterhals (Zervix) mit
Ausbuchtungen (Krypten), in
denen der Zervixschleim gebildet wird

Scheidengewölbe

Zervix (Portio):
offen, weich
(wie Lippen)

Abb. 5: Die Zervix (Portio, „äußerer Muttermund") in der unfruchtbaren Zeit

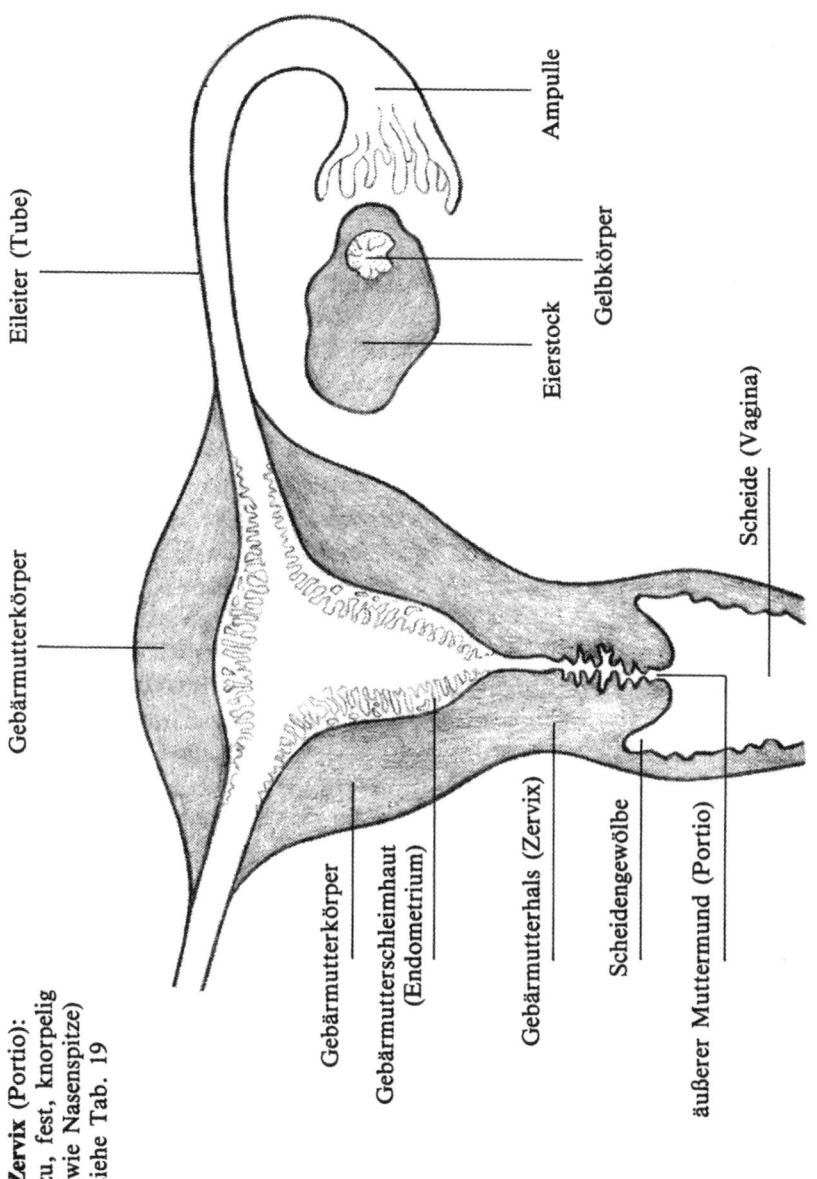

Ampulle

Eileiter (Tube)

Gelbkörper

Eierstock

Scheide (Vagina)

Gebärmutterkörper

Gebärmutterkörper

Gebärmutterschleimhaut (Endometrium)

Gebärmutterhals (Zervix)

Scheidengewölbe

äußerer Muttermund (Portio)

Zervix (Portio):
zu, fest, knorpelig
(wie Nasenspitze)
siehe Tab. 19

Andererseits kann es vorkommen, dass trotz normal langer Temperaturhochlage und trotz günstigem Zervixschleim die gewünschte Schwangerschaft nicht eintritt, obwohl viele Monate lang immer wieder ehelicher Verkehr an den fruchtbaren Tagen stattfindet. Das verlangt zunächst eine ärztliche Untersuchung des Mannes, da in etwa 40 Prozent der Fälle die Ursache der Kinderlosigkeit beim Mann zu suchen ist. Dann erst soll nach Ursachen bei der Frau gesucht werden.

Der sprungreife Follikel kann, ohne zu platzen und das Ei freizugeben, eine Umwandlung in einen Gelbkörper durchmachen (LUF = „luteinisierter unrupturierter Follikel"); die Aufzeichnungen ergeben jedoch einen normalen Zyklusverlauf. Mit dieser Eigenart muss man auch rechnen, wenn nach einer Entbindung oder in den Wechseljahren verkürzte Temperaturhochlagen auftreten.

Das bedeutet weiterhin, dass selbst die Beobachtung einer Phase mit vermehrter Zervixschleimabsonderung kein Beweis für einen Eisprung ist. Der vermehrte Zervixschleim zeigt nur an, dass die Eierstöcke bei einem bestimmten Follikelwachstum vermehrt Östrogene bilden. Das ist jedoch kein Beweis dafür, dass ein sprungreifer Follikel tatsächlich platzt und eine befruchtungsfähige Eizelle freigibt. Der Beweis für eine stattgefundene Ovulation ist nur dann gegeben, wenn entweder die Eizelle bei einer Operation gefunden wird oder eine Schwangerschaft eintritt.

Die Wahrscheinlichkeit, dass ehelicher Verkehr in der fruchtbaren Zeit zu einer Schwangerschaft führt, liegt bei weniger als 40 Prozent. Das stimmt mit der statistischen Erfahrung überein, dass ein Paar im Durchschnitt 3 Monate benötigt, bis die Frau schwanger wird.

Der Zyklusverlauf bei jungen Mädchen und das Vorgehen bei Kinderwunsch (mit Angaben, die in keinem anderen Buch gefunden werden können), sind beschrieben in: Josef Rötzer/Elisabeth Rötzer, „Die Frau und ihr persönlicher Zyklus – Von der Vorpubertät bis in die Wechseljahre"[38].

Fragen zur Zervixschleim-Beobachtung

Bei der **Ovulations-Methode** nach **Dr.** **Billings**, Australien, der besonderen Wert auf diesen Namen legt, wird **nur der Zervixschleim rein äußerlich** beobachtet. Billings lehnt die Temperaturmessung ab[2] (weiteres zur Geschichte auf Seite 112). In der von mir entwickelten Methode (siehe Seite 9) wurde seit 1951 größter Wert darauf gelegt, dass der Zervixschleim zur Auswertung der Temperatur herangezogen wird. Dieses kombinierte Vorgehen wird in einem Teil der medizinischen Literatur unter die **sympto-thermalen Methoden** eingereiht (zur verschiedenen Verwendung von „sympto-thermal" siehe Seite 110). Nach einer Entbindung und in den Wechseljahren kann die Beobachtung des **S** wichtiger werden als die Temperaturmessung.

In der Follikelreifungsphase zeigt **die vermehrte Absonderung** des Zervixschleims an, dass nunmehr Samenzellen (Spermien) ihre Befruchtungsfähigkeit in der Zervix für einige Tage behalten und auf die Ovulation warten können. **Wenn kein verflüssigter Zervixschleim am Muttermund vorhanden ist, sterben die Samenzellen im sauren Milieu der Scheide (normale Scheidenbakterien produzieren Milchsäure) in kurzer Zeit ab.** Die Spermien verlieren daher in der Scheide ihre Befruchtungsfähigkeit, bevor der Zervixschleim auftritt.

Befruchtungsfähigkeit der Spermien

Die Beantwortung der Frage, **wie lange Spermien befruchtungsfähig** bleiben können, ist daher nicht so wichtig. Sobald nämlich Zervixschleim für die Frau beobachtbar wird, muss das Ehepaar ohnehin möglicherweise fruchtbare Tage annehmen. Im Allgemeinen rechnet man mit drei bis vier Tagen Befruchtungsfähigkeit der Spermien – **wenn der entsprechende Zervixschleim** vorhanden ist! Die Eizelle bleibt höchstens einen Tag befruchtungsfähig.

Die meisten Frauen werden im Anschluss an die Regelblutung als Empfindung **„nichts gespürt, nichts gesehen"** angeben können. Diese Wahrnehmung von „nichts" ist nach der Lehre der **Billings-Methode** wie ein „trockener Tag" und als unfruchtbar anzusehen. **Vor einer solchen allgemeinen Annahme muss dringend gewarnt werden.** Es gibt Tage mit „nichts" – aber auch Tage mit „trocken" –, die unmittelbar in einen Tag mit **S** übergehen.

Bei derartigen Beobachtungen kann man an einem Tag, an dem „nichts" oder „trocken" eingetragen war, schwanger werden. Die Ovulations-Methode spricht dann gern davon, dass ungenau beobachtet worden wäre. Unsere Empfehlung lautet:

- Wer die Empfindung **f** (siehe Tabelle 1.1) nicht regelmäßig vor **S** wahrnehmen kann, soll eine möglichst genaue Beobachtung durch Abtupfen mit Toilettenpapier versuchen.
- ▶ Dies verlangt ein Abtupfen **vor** und nach jedem **Pressen** bei **jedem** Aufsuchen der Toilette. Wer nur einmal am Tag darauf verzichtet, könnte das erste Auftreten von **S** übersehen, wenn es nur einmal am Tag auftritt. Besser ist es, die Wahrnehmung von **f** zu lernen!

Mehr über die **Billings-Methode/Ovulationsmethode** ist bei Meier-Vismara[18] nachzulesen.

Beckenbodentraining („Kegel-Muskel-Übung")

Der Beckenboden ist eine Muskelplatte, die sich vom Schambein bis zu den beiden Sitzhöckern erstreckt. Durch rhythmisches Zusammenziehen dieser Beckenbodenmuskulatur und durch Pressen kann man die Samenflüssigkeit aus der Scheide entfernen, damit man in gewohnter Weise den Zervixschleim beobachten kann. Um zu wissen, ob man den richtigen Muskel betätigt, hat Dr. Kegel folgenden Rat gegeben: Eine Frau soll versuchen, den schwächer werdenden Harnstrahl mit einer Anspannung zu unterbrechen. Gelingt ihr das, hat sie den richtigen Muskel betätigt.

Ein trainierter Beckenboden hilft auch einem Harnverlust vorzubeugen oder zum Verschwinden zu bringen. Außerdem dient er zur Vorbeugung einer Gebärmuttersenkung. Eine schon bestehende leichte Gebärmuttersenkung kann dadurch behoben werden.

Durch rhythmische Anspannung der gekräftigten Beckenbodenmuskulatur kann die Frau während des ehelichen Einswerdens leichter zum Orgasmus kommen.

Daher gibt es viele Gründe, ein fachgerechtes Training des Beckenbodens zu erlernen. Informationen dazu finden Sie zum Beispiel bei Physiotherapeuten oder in der Beckenbodenambulanz.

Die Höhepunktsbestimmung und die Höhepunktsregel

Der letzte Tag mit jenem persönlichen S, das für die betreffende Frau die beste fruchtbare Zeit anzeigt, ist der Höhepunkt ● (siehe Text Tabelle 4, Seite 28), nicht der Tag mit der größten Menge, der meist etwas früher liegt. Manchmal tritt in einem Zyklus oder vielleicht bei einer Frau in allen Zyklen nur ein **S** von „weniger guter Qualität" auf. Das sagt nichts über die Fruchtbarkeit der Frau aus; da es sich um eine persönliche Eigenart der Beobachtung handelt. So kann auch ein **S** von „weniger guter Qualität" die beste fruchtbare Zeit einer Frau anzeigen, falls kein **S** der „besten Qualität" vorhanden ist.

Wenn lange Phasen mit **S-EW** auftreten sollten, die auch in die Temperaturhochlage hineinreichen können und dann eine Auswertung nach Tabelle 9 (Seite 58) verlangen, könnte zum Beispiel eine Neigung zu Verstopfung die Ursache sein (**S-EW** wird im Inneren der Scheide zurückgehalten); täglicher Stuhlgang presst die Scheide von hinten nach vorne aus. Auch eine Stress-Situation kann zu langem **S-EW** führen (siehe Tipps im Kapitel „Unregelmäßiger Zyklus", Seite 98).

Die **Billings-Methode** nimmt (ohne Temperaturmessung) **ab dem 4. Tag nach dem Höhepunkt ● Unfruchtbarkeit bis zum Einsetzen der nächsten Regelblutung an („Höhepunktsregel").**

Es liegen aber nicht immer ab dem 4. Tag nach dem **Höhepunkt ●** unfruchtbare Tage vor. Mit den Regeln der **Ovulations-Methode** ist es daher nicht möglich, im Zyklus eine Zeit zu bestimmen, die sicher unfruchtbar ist!

Manche Frauen mit einer besonders guten Schleimbeobachtung verzichten auf die Temperaturmessung. Diese Frauen müssen aber mit etwa 3 Schwangerschaften pro 100 Frauen in einem Jahr rechnen (Pearl-Index = 3). Dieses Ergebnis liegt in derselben Größenordnung wie die der besten lokalen Verhütungsmittel (Barriere-Methoden, wie zum Beispiel Kondom, siehe Seite 107).

Bei unserer **sympto-thermalen Methode** wird **nach dem Höhepunkt ●** so lange **gewartet**, bis die 3 oder 4 höheren Messungen nach unseren Regeln feststehen. Das kann auch erst mehrere Tage nach dem Höhepunkt ● sein. Die Höhepunktsregel kann aber in besonderen Situationen sehr verlässlich sein, wie in der Zeit des Stillens bis zum Einsetzen der ersten Menstruation und in den Wechseljahren. In diesen Situationen darf Unfruchtbarkeit ab dem Abend des 4. Tages nach dem Höhepunkt ● angenommen werden.

Tabelle 9: Vorzeitiger Temperaturanstieg

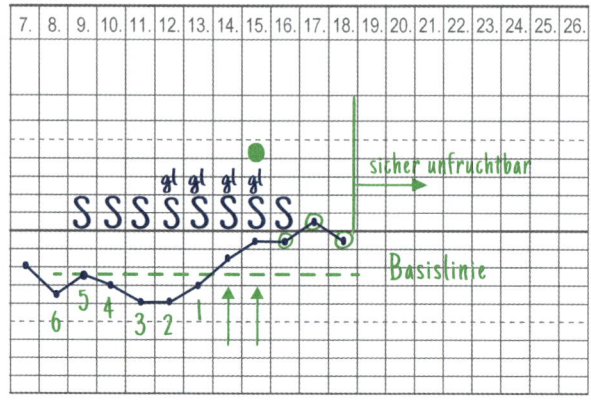

Wenn der Temperaturanstieg bereits vor dem Höhepunkt • beginnt, darf man erst jene 3 Messungen umranden, die nach dem Höhepunkt • liegen.
Es kann vorkommen, dass im beginnenden Temperaturanstieg noch immer jenes Zeichen **S** vorhanden ist, das die besonders fruchtbare Zeit anzeigt. Derartige Messungen dürfen **noch nicht als „höher" umrandet werden.** Die 1. umrandete „höhere" Messung am 16. Tag ist zwar nicht höher als die Messung am vorausgegangenen Tag, aber sie liegt nach dem Höhepunkt in der Temperaturhochlage.

■ Bei einem derartigen Verlauf von Temperatur und Zeichen S muss man die **6 niedrigeren Messungen bestimmen, die unmittelbar vor dem Anstieg der Temperatur liegen** (Die Temperatur wird nur für sich allein betrachtet und die Basislinie wird durch den höchsten Wert der 6 tieferen Messungen gezogen, siehe Seite 30, 35).
Es dürfen aber erst „höhere" Messungen umrandet werden, die **nach dem Höhepunkt** • liegen. Die 3. „höhere" (und umrandete) Messung liegt in obiger **Tabelle 9** 0,2 °C über der Basislinie und entspricht der Regel.

In diesem besonderen Falle eines **vorzeitigen Temperaturanstieges** werden mit der Zurücknummerierung **die letzten 6 tieferen Messungen gekennzeichnet, die unmittelbar vor dem Anstieg der Temperaturkurve** (für sich allein betrachtet) **liegen.** Die beiden ansteigenden Temperaturwerte in Tabelle 9 am 14. und 15. Zyklustag, die noch nicht umrandet werden dürfen, sind mit einem Pfeil bezeichnet: Für derartige Messungen hat sich der Name „Pfeilmessung" bewährt.

Tabelle 10: Ausbleibender Temperaturanstieg

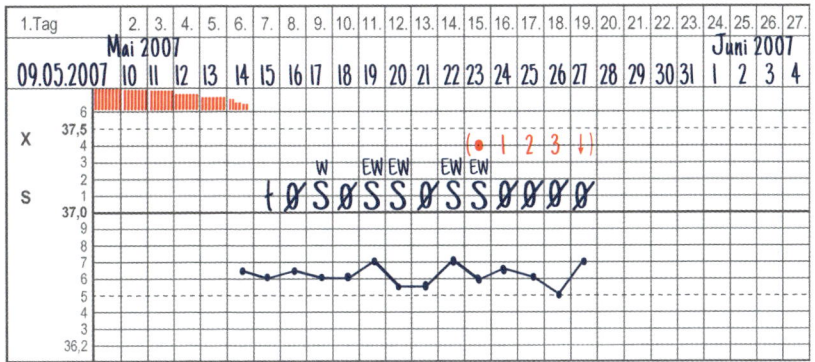

Es kann vorkommen, dass nach dem **Höhepunkt** • die Temperatur nicht ansteigt. Auf zwei Dinge muss jetzt besonders geachtet werden:

■ Die Temperatur soll gerade in dieser Situation täglich gemessen werden.

■ Man muss weiterhin **täglich auf die Beobachtungen am Scheidenausgang achten und diese Beobachtungen auch täglich eintragen.**

Leider hören viele Frauen mit der Eintragung der Beobachtungen auf, sobald der **Höhepunkt** • feststeht. Die Beobachtungen des S sollten stets weitergeführt werden, bis die notwendigen 3 oder 4 „höheren" Messungen feststehen. **Wenn sich nach dem Höhepunkt • kein Temperaturanstieg einstellt, muss mit einer weiteren S-Phase gerechnet werden.** Man soll weder einen bestimmten Ablauf der S-Phase noch einen unbedingten Anstieg der Temperatur erwarten.

Wenn S nur äußerlich beobachtet wird, kann ohne festgestellten Temperaturanstieg eine sicher unfruchtbare Zeit nicht bestimmt werden. Die Regeln der **Billings-Methode** würden die Annahme von **Unfruchtbarkeit am 4. Tag nach dem Höhepunkt •** erlauben: Darauf soll der jeweils am 4. Tag nach dem **Höhepunkt** • eingezeichnete Pfeil hinweisen (Erklärung siehe Seite 57).

Fortsetzung: siehe **Tabelle 11.**

Tabelle 11: Verschiebung des Ovulationstermins

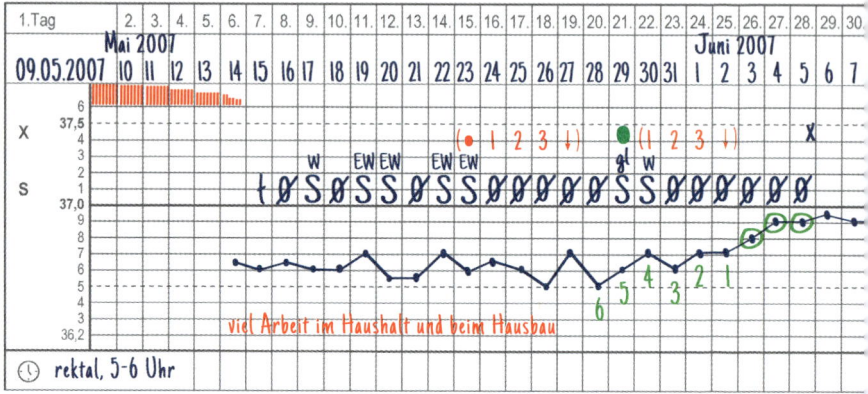

Fortsetzung von **Tabelle 10:** Die Temperatur bleibt in diesem Beispiel weiterhin niedrig. Als 6 Tage nach dem **Höhepunkt** ● ein glasiges **S** zur Beobachtung kommt, erweist sich der zuerst gefundene **Höhepunkt** ● als „Fehlalarm" (wichtig: Phase mit **S** selbst der besten Qualität ist kein Beweis für eine Ovulation!). Der eine Tag mit **S-gl** am 21. Tag ist der zweite **Höhepunkt** ● (es gibt sehr lange Zyklen, die dreimal oder öfter einen **Höhepunkt** ● haben). Erst am 5. Tag nach dem zweiten **Höhepunkt** ● beginnt die Temperatur anzusteigen und es können 3 „höhere" Messungen umrandet werden. Es liegt ein verzögerter Temperaturanstieg vor. Die Anmerkung zu Beginn des Zyklus „viel Arbeit im Haushalt und beim Hausbau" gibt die Erklärung für diese Verschiebung des Ovulationstermins.

Anstrengungen aller Art, Reisen, ungewohntes Klima, Erkrankungen usw. zu Beginn des Zyklus können den Ovulationstermin hinausschieben.

Manchmal kann eine Ovulationsverschiebung ohne ersichtlichen Grund vorkommen. Solange die Temperatur auf der tiefen Lage verbleibt, ist die Ovulation noch nicht abgelaufen, und es kann daher auch keine Schwangerschaft vorliegen, selbst wenn 40 und mehr Tage seit der letzten Menstruation vergangen sein sollten.

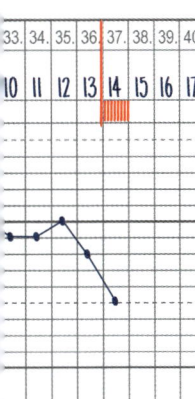

Wie kann sich eine ständige Überlastungssituation (Stress-Situation) auf den Zyklus auswirken?

Es kann zu andauernden Verschiebungen des Ovulationstermins und zu unregelmäßigen Zyklen kommen, oft verbunden mit verkürzten Hochlagen. Lang dauernde S-Phasen mit zum Beispiel S-EW ähnlichem Ausfluss in der Tieflage, aber auch in der Hochlage, können geradezu bezeichnend für eine Überlastungssituation sein. Wenn eine frauenärztliche Untersuchung ansonsten keinen besonderen Befund ergibt, müsste man einen geregelten Tagesablauf und ausreichenden Schlaf anstreben. Die Ernährung soll ausgewogen sein mit Vermeidung des übermäßigen Konsums von Zucker und Weißmehlprodukten (siehe Hinweise im Kapitel „Unregelmäßiger Zyklus" Seite 98 f.). Junge Frauen, die in einer anstrengenden Berufsausbildung oder im Studium stehen, leiden sehr an einem „Ausfluss". In sehr vielen Fällen wird das echte Zeichen S innerhalb eines derartigen ständigen Ausflusses erkennbar. Für „Ausfluss" wird an jedem Tag A eingetragen (siehe Tabelle 19, Seite 84). Eine wesentliche Hilfe kann die Selbstuntersuchung des äußeren Muttermundes sein (Beschreibung ab Seite 82).

Tabelle 12: Zyklusverlauf bei Erkrankung

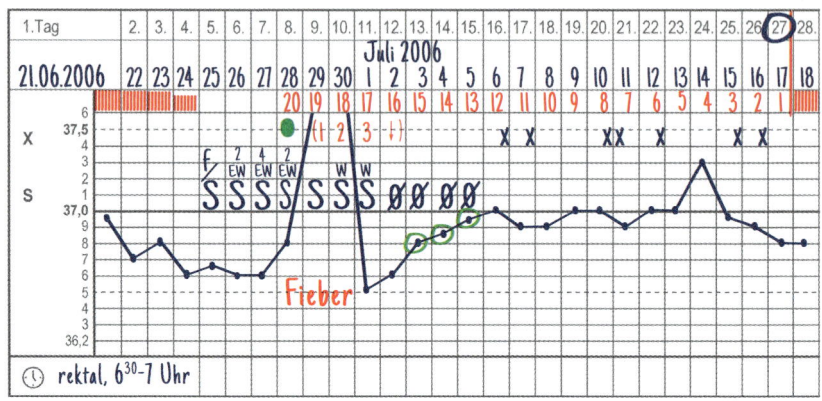

Zeichenerklärung:

f = Empfindung im Inneren der Scheide (Seite 15).

Ziffern oberhalb **S-EW**: **S** lässt sich einige Zentimeter lang in Fäden ziehen („Spinnbarkeit") = **S** der „besten Qualität" (Seite 25).

Beim **S** der „weniger guten Qualität" (Seite 25) kann man Unterschiede mit Buchstaben bezeichnen, zum Beispiel **w** = weißlich, dicklich (**Anhang C**, Seite 126). Auch kann eine Beschreibung mit eigenen Worten erfolgen.

Bei einer Erkrankung vor einer ausgebildeten Temperaturhochlage muss unbedingt weiter gemessen, die S-Beobachtungen sorgfältig durchgeführt sowie täglich eingetragen werden! Man muss warten, bis sich klare Zyklusverhältnisse ergeben. Die Muttermunduntersuchung ist hier allem anderen deutlich überlegen (siehe ab Seite 82).

„Fieber" ist hier **nach dem Höhepunkt** • aufgetreten. Gerade dann darf man auf keinen Fall die **Höhepunktsregel** anwenden und ab dem 4. Tag nach dem **Höhepunkt** (Pfeil) Unfruchtbarkeit annehmen (vergleiche Seite 57)! Selbst nach der Lehre der **Ovulations-Methode** darf bei derartigen Störungen die **Höhepunktsregel** nicht automatisch angewendet werden. Beim Umranden der 3 „höheren" Messungen muss man sicher sein, dass das Fieber abgeklungen ist (**krankheitsbedingte Temperaturerhöhungen sind durch das vorhandene Krankheitsgefühl erkennbar**).

Durch „Fieber" könnte auch **der gesamte Ovulationsvorgang unterbrochen werden und es zum Auftreten einer zweiten Phase mit S kommen** (ähnlich wie in **Tabelle 11)**. Jede nicht in den Zyklusverlauf passende Temperaturzacke (Temperaturerhöhung) soll sofort erklärt werden! Es ist äußerst selten, dass Zeichen der Fruchtbarkeit bereits am 5. Tag und **S-EW** am 6. Tag auftreten (Erfahrung dieser Frau aus mehr als 100 Zyklen: kürzester Zyklus 21 Tage mit langer Hochlage). Daher nimmt diese Frau zu Beginn des Zyklus keine unfruchtbaren Tage an. **In der fruchtbaren Zeit versagen alle empfängnisverhütenden Maßnahmen.** Etwas Samenflüssigkeit in die Nähe des Scheideneinganges gebracht, kann bereits zu einer Schwangerschaft führen. Wenn zur Vermeidung der Empfängnis der eheliche Verkehr an den fruchtbaren Tagen nicht unterlassen wird, handelt es sich **nicht** mehr um **Natürliche Empfängnisregelung**. Es ist aber wichtig, alles anzumerken.

Eine französische Gruppe hat folgende Zeichen vorgeschlagen:

◯ Äußerliches Berühren der Geschlechtsorgane oder geringes Einführen des männlichen Gliedes ohne fühlbaren Samenerguss oder Karezza.

Ⓐ „Aufpassen" mit nachfolgendem Samenerguss außerhalb der Scheide („Rückzieher", unterbrochener Verkehr, Coitus interruptus).

Ⓜ Der Mann wendet beim Geschlechtsverkehr ein Gummischutzmittel an (Kondom, Präservativ, Pariser).

Ⓕ Die Frau wendet ein Schutzmittel an (Diaphragma, Portiokappe, Salbe, Gelee, usw.).

X für vollen ehelichen Verkehr mit Samenerguss in der Scheide muss zumindest den letzten ehelichen Verkehr vor den fruchtbaren Tagen und den ersten Verkehr nach den fruchtbaren Tagen angeben. Bei der **Ovulations-Methode** muss jeder eheliche Verkehr eingetragen werden, da am darauffolgenden Tag ausfließende Samenflüssigkeit – nach Meinung der **Billings-Methode** – ein S verdecken und damit die Beobachtung stören kann (vergleiche Seite 56). Die aufmerksame Beobachterin wird am Tag nach **X** meist den Abgang einer Flüssigkeit feststellen können; manche tragen dann **S?** ein. Durch Übungen der Beckenbodenmuskulatur (Seite 56) lässt sich aber die Samenflüssigkeit entfernen und **S** gut beobachten.

Tabelle 13: Allgemein tiefere Temperaturlage

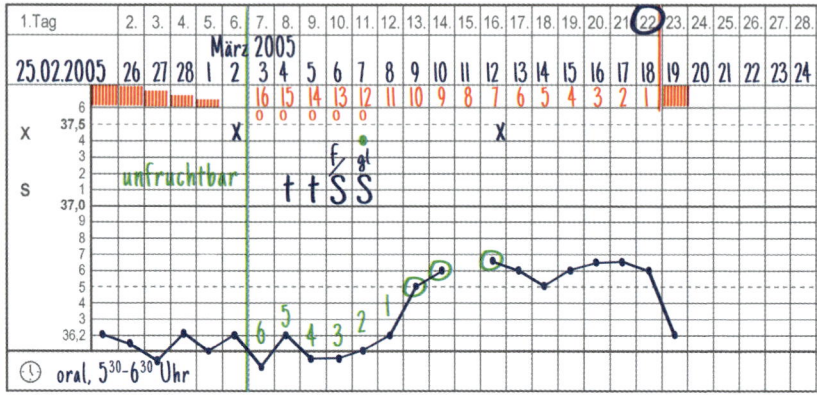

Zwei Dinge werden hier anschaulich gemacht:

1. **In besonders kurzen Zyklen kann man aufgrund des Temperaturverlaufs
   und der Zeichen der Fruchtbarkeit sehen, ob die ersten 6 Tage unfruchtbar sind.** Am 8. und 9. Tag ist **t** eingetragen. Am 6. und 7. Tag fehlt leider die
   Eintragung. Erstmals am 10. Tag sind Zeichen der Fruchtbarkeit eingetragen.
   Für die zunächst aufgetretene bekannte Empfindung im Inneren der Scheide
   steht **f** (Tabelle 1.1, Seite 14), **S** ist dann erst im späteren Verlauf des Tages
   aufgetreten. Am Abend muss daher **S** eingetragen werden und über einem
   Schrägstrich davor **f**. Aus der Rücknummerierung der 6 tieferen Messungen
   ergibt sich, dass der 6. Tag (**X** ist eingetragen!) in einem derartigen 22-Tage-
   Zyklus als unfruchtbar angesehen werden darf, wenn am 6. Tag oder davor
   keine Zeichen der Fruchtbarkeit vorhanden sind (Tabelle 7, Seite 35).

2. **Zur Bestimmung der 3 „höheren" Messungen nach dem Höhepunkt ●** genügt der relative Anstieg gegenüber der Tieflage. Die „Hochlage" mancher
   Frauen, besonders bei oraler Messung, kann bereits bei 36,6 °C liegen, wie
   oben. Manche Gebrauchsanweisungen geben zu Unrecht an, dass eine Hochlage über 36,9 °C erreicht werden muss.

Anmerkung: Der Abstand zwischen **Höhepunkt ●** und Menstruation ist 12 Tage,
die Hochlage ist 10 Tage. Beides liegt im Rahmen des Normalen. In einem derartigen Zyklus ist das Eintreten einer Schwangerschaft möglich.

Tabelle 14: Allgemein höhere Temperaturlage

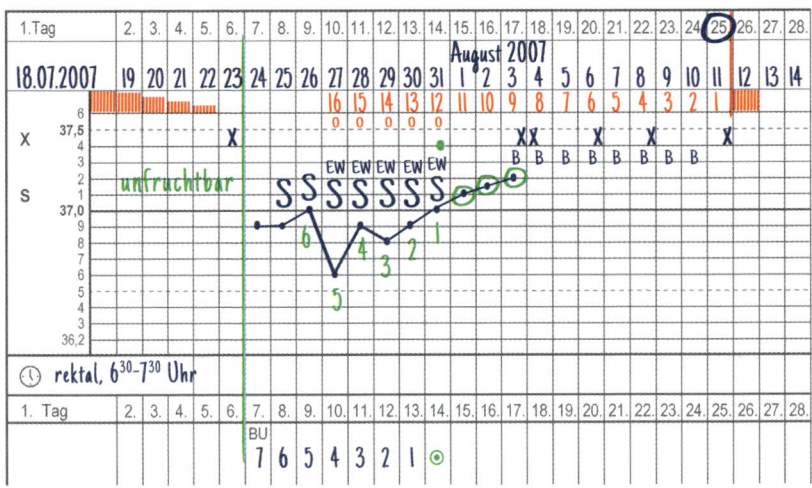

Hier zeigt sich eine höhere Lage des gesamten Temperaturverlaufes. Die „tieferen" Messungen können um 37 °C liegen, die „höheren" Messungen erreichen die für eine Auswertung notwendige Temperaturdifferenz.

Auch hier zeigen sich deutlich ausgeprägte tiefere Messungen im Zusammenhang mit S. An den fruchtbaren Tagen kommt es zur Ausbildung eines Tales der Temperaturkurve – entweder sehr klar ausgeprägt oder aber ein flaches, ruhiges Tal.

Bei flachen Temperaturanstiegen kann folgendes Zeichen hilfreich sein: ein Größerwerden der Brust mit Völle- und Spannungsgefühl, eventuell mit einem Schmerz, **das häufig in der Temperaturhochlage auftritt** (Brustsymptom). Manche Frauen spüren um den Ovulationstermin ein feines Stechen in der Brust.

Die **früheste 1. höhere Messung** aus einer Serie von 15 Zyklen war am 14. Tag: vom 14. Tag werden 7 Tage zurücknummeriert (modifizierte Döring-Regel, Tabelle 7, Seite 37 f.). Der 6. Tag darf als unfruchtbar angesehen werden, wenn keine Zeichen der Fruchtbarkeit vorhanden sind. Leider fehlt hier die Beobachtung. Diese Frau nimmt stets bis einschließlich 6. Tag Unfruchtbarkeit an, obwohl der kürzeste Zyklus ein 23-Tage-Zyklus ist. Die modifizierte Döring-Regel hat Vorrang gegenüber der „20er-Regel".

Tabelle 15: Eintreten einer Schwangerschaft

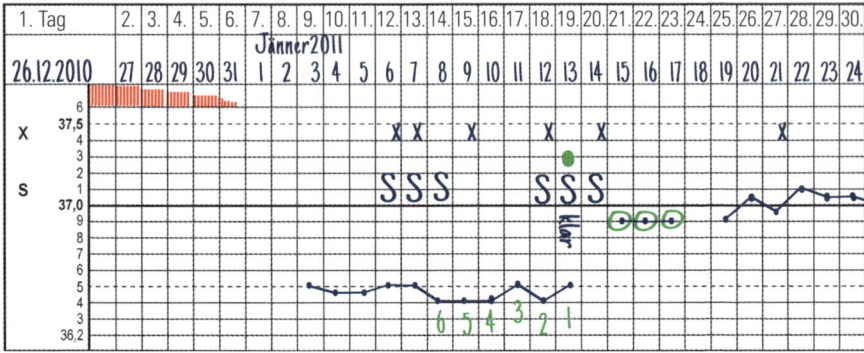

Der günstigste Zeitpunkt für eine Empfängnis liegt gegen Ende jenes Zeichens S, das für die betreffende Frau die beste fruchtbare Zeit anzeigt, und knapp danach. Die drei günstigsten Tage sind der **Höhepunkt ●, der Tag davor** und **der Tag danach.** Diese Tage liegen meist knapp vor dem Temperaturanstieg, können aber auch in die ersten höheren Messungen hineinreichen. Ausgehend vom **Tag des Höhepunkts ●** oder vom **letzten Tag der tieferen Messungen** (= der geschätzte Empfängnistermin) lässt sich der Entbindungstermin am besten berechnen; davon werden sieben Tage zurückgezählt und dann 9 Monate dazugerechnet. Vom Empfängnistermin an gerechnet beträgt die **Dauer der Schwangerschaft etwa 266 Tage** (plus/minus 10 Tage).

Falls die Empfängnis erst um den 40. Zyklustag eintreten sollte, ist der Entbindungstermin etwa einen Monat später als nach der alten Berechnung, die vom Einsetzen der letzten Menstruation ausgeht (siehe Tabelle 20.1). Leider wird das noch immer zu wenig beachtet, sodass dann durch eine zu frühe künstliche Einleitung Frühgeburten provoziert werden.

Sobald die Temperatur mehr als 18 Tage auf der Hochlage bleibt, weist das mit sehr hoher Wahrscheinlichkeit auf das Bestehen einer Schwangerschaft hin. Es kann aber auch manchmal sein, dass die Menstruation erst nach etwa 20 Tagen Hochlage einsetzt, ohne dass eine Empfängnis eingetreten ist. Bei Vorliegen einer Schwangerschaft kann es vorkommen, dass etwa zu der Zeit, da die nächste Menstruation erwartet würde, die Temperatur einen zusätzlichen geringen Temperaturanstieg zeigt. Zu dieser Zeit kann bisweilen auch eine leichte Blutung eintreten, die den Fortgang der Schwangerschaft meist nicht stört. Man soll auf jeden Fall weiter messen, bis man etwa 30 Messungen auf der Hochlage hat.

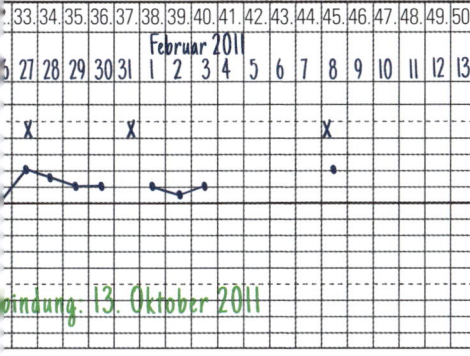

Der Entbindungstermin hängt vom Empfängnistermin ab und nicht von der letzten Menstruation! Bei dieser Aufzeichnung liegen der Höhepunkt am 19. Zyklustag und die 1. höhere Messung am 21. Zyklustag. Der Entbindungstermin wird von diesem Zeitraum aus bemessen.

■ Welche Erfahrungen könnte man sammeln, sobald das Eintreten einer Schwangerschaft erwünscht ist?

■ Eine der wichtigsten Erfahrungen liegt darin, dass eine Frau weiß, wann bei ihr persönlich die Schwangerschaft entstanden ist.

■ Es wäre schade, mit allen Aufzeichnungen aufzuhören, „weil man ohnehin schwanger werden will". Wertvolle Erfahrungen, die die Eingrenzung der persönlichen fruchtbaren Zeit anzeigen, würde man dadurch nicht machen können.

Wenn man schwanger werden will, sollte man bereits in dieser Zeit ein Kombinationspräparat einnehmen, das Vitamine, Mineralstoffe und Spurenelemente enthält. In einer derartigen Kombination sollte vor allem Folsäure enthalten sein, die sich als Vorbeugung bestimmter Missbildungen besonders bewährt hat. Die Gabe von **Magnesium** (siehe Seite 98 f.) kann die Beschwerden der Frühschwangerschaft wesentlich mildern, beugt bei konsequenter Einnahme Frühgeburten vor und verhilft zu klareren Aufzeichnungen in der Stillzeit. Auf jeden Fall sollten Sie nach **20 Tagen Hochlage** Ihren Arzt fragen, ob die von Ihnen eingenommenen Medikamente abgesetzt werden müssen.

Im eigenen Beratungsdienst sind bei Hunderten von Schwangerschaften weniger Fehlgeburten und Fehlbildungen aufgetreten, als es dem Durchschnitt der Bevölkerung entspricht[33].

Leider zeigt die Erfahrung im eigenen Beratungsdienst, dass Frauen bei Kinderwunsch mit den Aufzeichnungen aufhören. **Diese Frauen verzichten dadurch auf ganz wichtige Erfahrungen.** Die Aufzeichnungen nach der Geburt eines Kin-

67

des wären leichter auszuwerten, wenn man vor der Schwangerschaft Erfahrungen gesammelt hätte, wie die persönlichen Zeichen der Fruchtbarkeit aussehen. In dieser Zeit könnte man in einer gewissen Weise experimentieren.

Sobald man eine verschwindend geringe Wahrscheinlichkeit des Eintretens einer Schwangerschaft akzeptieren kann, möge man zumindest ein Jahr lang zu Beginn des Zyklus unter Anwendung aller Regeln möglichst viele Tage als unfruchtbar annehmen. Besonders die Untersuchung des Muttermundes kann es erlauben, den **Randbereich vor den fruchtbaren Tagen** herauszufinden, in dem noch keine Empfängnis eintritt.

Tabelle 16: Zeit nach der Entbindung (wenn nicht oder nur teilweise gestillt wird)

Unter dem gedruckten **1. Tag** der Tabelle wird das **Datum der Geburt des Kindes** eingetragen. Mit einer roten Wellenlinie wird die Dauer des Wochenflusses angegeben. Zwischen 20. und 21. Tag wird eine dicke Linie eingezeichnet, um anzudeuten, dass ab etwa 21. Tag die üblichen Beobachtungen einzutragen sind. Die **Aufwachtemperatur** soll möglichst bald gemessen werden. Es ist wichtig zu wissen, ob sich vor der ersten Blutung eine Hochlage befindet oder nicht. **Warten Sie bitte mit den Aufzeichnungen nicht bis zum Eintreten der ersten Blutung, da man vorher schwanger werden kann.** Gegen die Wiederaufnahme des ehelichen Verkehrs bestehen ab etwa 3 Wochen nach der Entbindung keine medizinischen Bedenken.

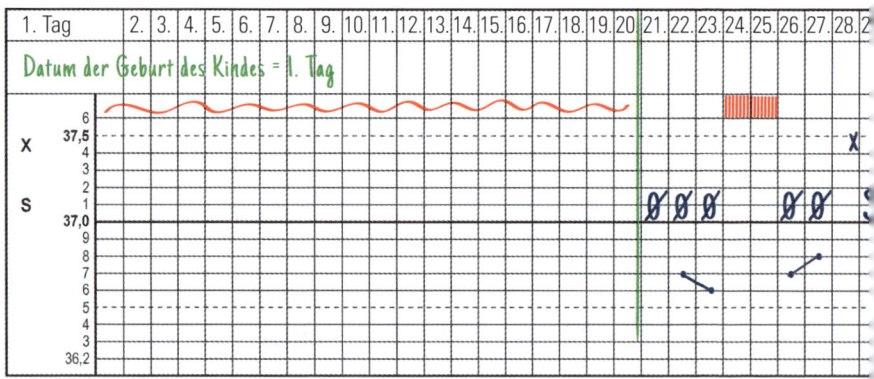

Wann kann bei der nichtstillenden Frau eine Schwangerschaft am frühesten eintreten? Aufgrund der bei uns vorliegenden Aufzeichnungen von mitarbeitenden Frauen, die nicht gestillt haben, war dies am Ende der 7. Woche. Hebammen berichten jedoch, dass eine Schwangerschaft in manchen Fällen auch schon früher eintreten kann. Daher geben wir den Rat, dann, wenn **nicht** gestillt werden kann, ab der 4. Woche (ab dem 21. Tag nach der Geburt) auf Zeichen der Fruchtbarkeit zu achten und die Aufwachtemperatur zu messen, um mögliche fruchtbare Tage zu erkennen.

Teilweises Stillen: weitere Informationen auf Seite 73.

Bei vollem Stillen ist die Dauer der Unfruchtbarkeit nach der Geburt eines Kindes viel länger (lesen Sie auf jeden Fall im Text zu Tabelle 17 über wichtige Zusammenhänge der Mutter-Kind-Bindung).

Bei der nichtstillenden Frau stellen sich die Zyklen (in denen die Hochlagen verkürzt sein können) sehr rasch wieder ein. Unabhängig davon, wie oft gestillt wird, findet man eine verkürzte Hochlage oft **vor** der ersten **echten Menstruation**. Auch wenn davor irgendein **S** war, ist das aber **kein Beweis** für eine stattgefundene Ovulation.

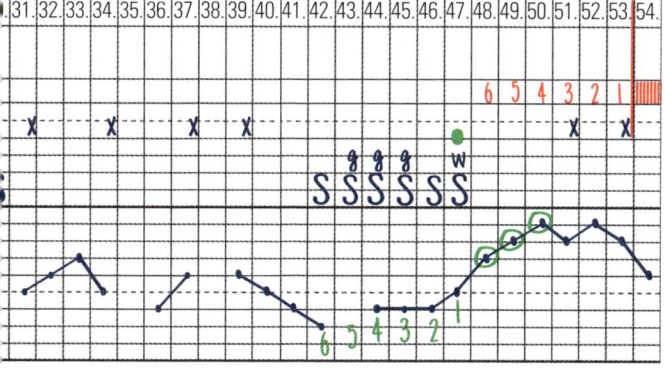

Tabelle 17: Zeit nach der Entbindung
(wenn voll gestillt wird)

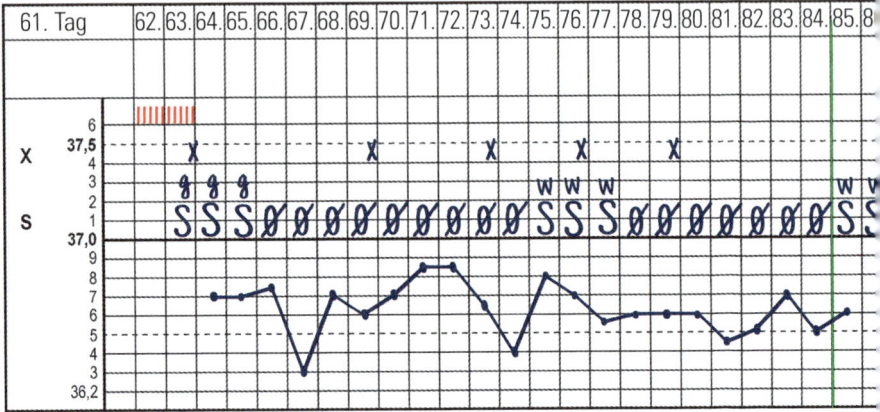

Um die Beobachtungen beim vollen Stillen richtig auszuwerten, müssen gute Aufzeichnungen geführt werden.

Aufzeichnungen nach einer Entbindung: Unter dem gedruckten **1. Tag** der Tabelle ist das **Datum der Geburt des Kindes** einzutragen (wie in Tabelle 16). Mit einer roten Wellenlinie wird die Dauer des Wochenflusses angegeben. Zwischen 20. und 21. Tag wird eine dicke Linie eingezeichnet, um anzudeuten, dass ab etwa 21. Tag die üblichen Beobachtungen einzutragen sind – falls sich der Wochenfluss nicht noch störend auswirkt. Die **Aufwachtemperatur** soll möglichst bald gemessen werden – zumindest soll man versuchen, in kürzeren Abständen immer wieder einen Temperaturwert einzutragen. Es ist wichtig zu wissen, ob vor der ersten Blutung eine Hochlage vorhanden ist oder nicht. Selbst beim vollen Stillen kann sehr bald eine Blutung eintreten, vor der sich keine Temperaturhochlage befindet und die daher keine echte Menstruation ist, sondern eine **Zwischenblutung** (siehe Tabelle 8.4, Seite 44).

Ohne Messung der Aufwachtemperatur kann eine Zwischenblutung nicht von einer echten Regelblutung – Menstruation – unterschieden werden.

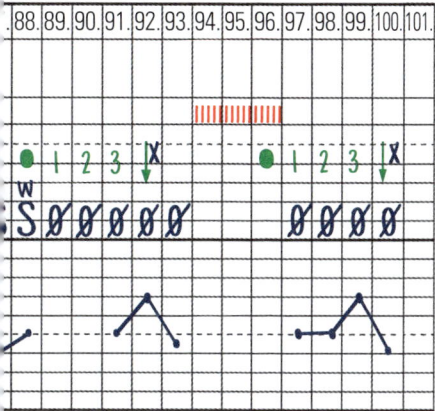

Zeichenerklärung:
Ab 12 Wochen nach der Entbindung (dicke Linie zwischen Tag 84/85): Wenn bei fast ständig Ø nur S von „nicht so guter Qualität" beobachtet werden kann, ist der letzte Tag dieser Art von S der **Höhepunkt ●**.

Die Ziffern 1, 2 und 3 nach dem **Höhepunkt ●** geben an, dass diese 3 Tage noch als fruchtbar anzusehen sind („Höhepunktsregel"): am Abend des 4. Tages (Pfeil ↓) darf Unfruchtbarkeit angenommen werden, wenn Zeichen der Fruchtbarkeit fehlen. **Bei vollem Stillen kann jede Blutung viele Monate ausbleiben.**

Dauer der Unfruchtbarkeit bei „vollem Stillen in unserem Sinne"

Eine Frau ist bei „vollem Stillen in unserem Sinne" mindestens 12 Wochen (84 Tage) unfruchtbar. „Volles Stillen in unserem Sinne" liegt nur dann vor, wenn folgende Bedingungen erfüllt sind:

- Außer der Brust keine zusätzliche Ernährung, keinerlei Flüssigkeit.
- Das Kind muss in 24 Stunden mindestens 5- bis 6-mal angelegt werden.
- Die Gesamt-Stillzeit in 24 Stunden muss mindestens 100 Minuten betragen.
- Eine Stillpause darf nicht länger als 6 bis 7 Stunden sein. Das gilt sowohl für die Nachtruhe als auch für eine Stillpause im Verlaufe des Tages. Wenn das Kind in der Nacht mindestens einmal angelegt wird, kann dies die Dauer der Unfruchtbarkeit wesentlich verlängern.

Irgendein **innerhalb dieser 12 Wochen** auftretendes S (selbst S-EW) ist bedeutungslos und muss nicht beachtet werden, ebenso Blutungen (die innerhalb einer Tieflage der Temperatur auftreten können und daher Zwischenblutungen sind). Wenn dann später einmal eine **echte Menstruation** eintritt, muss davor eine Temperaturhochlage ausgebildet sein; diese ist meist verkürzt.

Wenn auf den Schnuller verzichtet wird und zur Beruhigung die Brust gegeben werden kann, wird der Saugreiz noch öfter gesetzt. **Je öfter ein Kind innerhalb von 24 Stunden angelegt wird, umso länger wird der erste Eisprung hinausgeschoben.** Manche Frauen sind 6 Monate, 1 Jahr oder länger unfruchtbar. Andrerseits kann es nach einigen Monaten Stillen vorkommen, dass überraschend eine Schwangerschaft eintritt, bevor überhaupt irgendeine Blutung war. **Das kann aber nur dann geschehen, wenn in dieser Zeit Zeichen der Fruchtbarkeit nicht beachtet werden.**

Die Erfahrung, dass **beim vollen Stillen „in unserem Sinne" bis mindestens 12 Wochen nach der Entbindung Unfruchtbarkeit** besteht, ist durch eigene Untersuchungen anhand von Aufzeichnungen nach der Geburt von mehr als 2500 Kindern gedeckt. Es ist keine Beobachtung bekannt, welche diese Feststellung widerlegen würde.

■ Trotzdem sind **ab etwa 3 Wochen nach der Entbindung auf der dicken Linie für 37 °C die üblichen Beobachtungen einzutragen (sehr wichtig!).** Was in der Zeit ab 3 Wochen nach der Entbindung eingetragen wird, ist **unerlässlich für die rechte Auswertung nach Ablauf der 12 Wochen (sehr wichtig!).** Die Beobachtungen innerhalb dieser 12 Wochen sind zwar für die laufende Auswertung nicht nötig, sie sind aber auf jeden Fall auch eine neuerliche gute Einübung.

■ **Wenn ab etwa 3 Wochen nach der Entbindung** fast ständig **t** oder **Ø** beobachtet werden kann, wobei nur gelegentlich wenige Tage mit **S** eingelagert sind, dürfen Tage mit **t** oder **Ø** auch in der Zeit nach 12 Wochen an sich als unfruchtbar angesehen werden. Wenn **nach** 12 Wochen irgendein **S** auftritt, ist Fruchtbarkeit anzunehmen, und es wird der letzte Tag dieses **S** als **Höhepunkt** ● gewertet (siehe obige Tabelle 17). Es hat nicht viel Sinn, danach zu fragen, wann die erste Ovulation eintritt. Die angestellten Beobachtungen beziehen sich immer nur auf die Zeichen von möglicherweise fruchtbaren Tagen.

■ Für Frauen, die ab 3 Wochen nach der Entbindung immer ein **S** beobachten können (zum Beispiel trüb-weißlich, dick-gelblich), sind die Hinweise des Anhanges B in diesem Buch (Seite 123 ff.) und die Einnahme von Magnesium wichtig.

■ **Bei unklaren S-Beobachtungen** kann die „Glas-Wasser-Probe" helfen. Etwas von dem **S** wird in ein Glas mit Wasser eingebracht (zum Beispiel Wasserstrahl über den Finger mit Schleim rinnen lassen). Ein dehnbares und in Fäden ausziehbares **S** (Zervixschleim) bleibt in seiner fädigen Struktur beisammen und löst sich im Wasser nicht auf. Wenn es sich um einen Ausfluss (vaginale Abschilferung) handelt, dann löst sich dieser im Wasser auf und das Wasser wird trüb.

Wie geht man in der Zeit nach 12 Wochen vor, beziehungsweise bei „nicht vollem Stillen" nach 6 Wochen – und zwar jeweils bis zum Einsetzen der ersten Menstruation?

Anwendung der Höhepunktsregel:

Am Abend des 4. Tages nach einem Höhepunkt ● kann eine unfruchtbare Zeit angenommen werden, selbst wenn die Temperatur nicht ansteigt – vorausgesetzt es sind an diesem Tag keine Zeichen der Fruchtbarkeit vorhanden (Pfeil ↓ in Tabelle 17: Ø bedeutet Unfruchtbarkeit). Die **Höhepunktsregel** ist sehr verlässlich **in der Stillzeit bis zur ersten echten Menstruation** (auch bei teilweisem Stillen). Beim Stillen besteht nämlich eine herabgesetzte Fruchtbarkeit bis zur ersten echten Menstruation. Die Muttermunduntersuchung kann die Auswertung erleichtern (Tabelle 19, Seite 84).

Tage mit einer Blutung ohne vorausgegangene Temperaturhochlage werden wie S gewertet (Blutung kann Schleim verdecken). Der letzte Tag einer derartigen Blutung gilt dann als **Höhepunkt** ● (siehe Tabelle 17), wenn sich nicht unmittelbar an die Blutung Zeichen der Fruchtbarkeit anschließen. Folgen auf die Blutung Zeichen der Fruchtbarkeit, dann ist der letzte Tag dieser **S**-Phase der **Höhepunkt** ●.

Notwendigkeit der Temperaturmessung (wichtig!):

Zumindest in Phasen mit S und einige Tage danach soll die Temperatur gemessen werden, um festzustellen, ob die Temperatur anschließend ansteigt oder nicht. Eine Blutung ist nur dann als **echte Menstruation** zu erkennen, wenn **vor der Blutung** eine Temperaturhochlage war. Nur so kann man die **echte Menstruation** von der **Zwischenblutung** (deren Tage fruchtbar sein können) unterscheiden. Ansonsten kann der Temperaturverlauf unruhig sein und immer wieder Zacken aufweisen. Die fortlaufende Temperaturmessung zeigt zumindest, dass **keine Schwangerschaft vorliegt**, solange die Temperatur auf der niedrigeren Lage verbleibt.

Beim Stillen muss nach 3 höheren Messungen weitergemessen werden, ebenso in den Wechseljahren. Die Temperatur könnte wieder absinken. Dann hängt die weitere Beurteilung vom S ab – oder man richtet sich nach dem Befund am äußeren Muttermund (Tabelle 19, Seite 84). Es ist durchaus möglich, dass die erste echte Regelblutung – Menstruation – erst nach dem Abstillen einsetzt, und das kann manchmal auch erst sehr viele Monate nach der Geburt sein. **Solange gestillt wird, ist die „künstliche Einleitung einer Blutung" nicht notwendig,** ja sogar unzweckmäßig.

Sobald eine fruchtbare Zeit herannaht, können die Temperaturwerte für einige Tage etwas tiefer werden und ein überraschend gleichmäßiges Tal bilden. Wer das einmal in der Stillzeit erlebt hat, wird den ersten echten Temperaturanstieg fast vorhersagen können.

Sobald nur mehr teilweise gestillt wird, oder wenn es zu einer längeren Stillpause (Nachtruhe) kommt, kann es zu länger dauernden Phasen mit S kommen, die sehr schwer auszulegen sind (hier können die „Glas-Wasser-Probe", die Einnahme von Magnesium und die Muttermunduntersuchung hilfreich sein). Auswertbare Zyklen werden sich nach dem Abstillen rasch einstellen. Wenn die Mutter nicht (mehr) stillt, soll sie erfinderisch andere Wege suchen, damit das Kind die Liebe der Mutter in einem unmittelbaren körperlichen Kontakt erleben kann. Hautkontakt sowohl von der Mutter als auch vom Vater sind für eine gute Entwicklung des Kindes entscheidend. **Dieser enge Kontakt, vor allem das Stillen, schafft eine unersetzliche Grundlage für eine gute Mutter-Kind-Bindung.** Das führt zu innerer Ruhe und Zufriedenheit des Kindes mit guten Auswirkungen auf die Charakterentwicklung.

Für die Aufzeichnung nach der Geburt gibt es eine **Stillmappe** mit übersichtlichen Aufzeichnungsblättern, Stillregel und Auswertungsregel. Diese Stillmappe kann bei den INER-Landesstellen (Seite 141) gegen einen geringen Unkostenbeitrag angefordert werden.

Verhalten nach einer Fehlgeburt (Abortus)

Nach einem Abortus darf keine unfruchtbare Zeit angenommen werden. Man muss nach dem Abortus sofort Aufzeichnungen führen, da man unmittelbar nach einer Fehlgeburt wieder schwanger werden kann. Wenn neuerlicher Kinderwunsch vorliegt, besteht in der Regel medizinisch kein Einwand, sofort nach dem Abortus wieder schwanger zu werden, wie jüngste Kontrolluntersuchungen gezeigt haben.

Die Wechseljahre (Klimakterium)

Mit **Menopause** wird die letzte Blutung im Leben einer Frau bezeichnet. Die Zeit davor wird **Prämenopause** genannt, die Zeit danach **Postmenopause**; in der Umgangssprache spricht man von den **Wechseljahren (Klimakterium)**. Bedauerlicherweise wird viel zu viel über „Wechselbeschwerden" gesprochen, die angeblich auftreten müssten. Aufgrund der jahrzehntelangen Erfahrungen unseres Beratungsdienstes haben wir den Eindruck gewonnen, dass NER eine positive Einstellung gegenüber den rhythmischen Vorgängen im Körper der Frau fördert. Das wirkt sich auch positiv auf das Erleben der Wechseljahre aus.

Wenn ein Ehepaar NER seit jeher in gegenseitigem Einvernehmen lebt, ist es zur Ausbildung einer guten Partnerschaft gekommen, was wiederum eine wesentliche Hilfe für eine positive Bewältigung der Wechseljahre bedeutet. Die sexuelle Erlebnisfähigkeit ist erfahrungsgemäß bei einer guten Partnerschaft nicht vermindert, es kann sogar zu einer Steigerung kommen. Diesbezüglich ist eine gute Partnerschaft wichtiger als ein bestimmter Hormonspiegel. Mit welcher Intensität der Gefühle das körperliche Einswerden erlebt werden kann, hängt nicht von Hormonen ab, sondern vielmehr von der eigenen inneren Aufgeschlossenheit. Es gilt auch eine gewisse Voreingenommenheit zu überwinden, die gegenüber der Alterssexualität noch weithin zu bestehen scheint. Selbst eine Frau in hohem Alter kann noch voll erlebnisfähig sein. Inwieweit man mehr einen Austausch von Zärtlichkeiten haben möchte oder eine geistig-seelisch dominierte Einheit, soll mit dem Partner besprochen werden, ohne dem Partner die eigene Vorliebe entgegen dessen eigenen Wünschen aufzuzwingen. Die echte gegenseitige Liebe wird hier stets den richtigen Weg finden lassen – und der kann von Ehepaar zu Ehepaar sehr verschieden sein.

Es ist nicht wichtig zu wissen, wann bei einer Frau die Wechseljahre beginnen. Solange biphasische Zyklen mit einem Zeichen **S** beobachtet werden können, sind die Zyklen in der üblichen Weise auswertbar. Wir verfügen über Beobachtungen, dass derartige ganz normal erscheinende Zyklen noch in einem Alter von über 50 Jahren vorkommen können. Diese Frauen konnten problemlos ihre Zyklen auswerten.

Stellen sich Unregelmäßigkeiten im Ablauf des Zyklus ein, sind **vollständige Aufzeichnungen** zu führen.

Erfahrungsgemäß neigen erfahrene Frauen dazu, nur sehr lückenhaft oder überhaupt keine Aufzeichnungen mehr zu führen, da sie ihre fruchtbaren Tage aufgrund ihrer Körperwahrnehmungen kennen. Das kann bei vielen Frauen über viele Jahre ganz ausgezeichnet funktionieren. Es muss aber ein dringender Rat gegeben werden: Sobald sich eine ungewöhnliche Unregelmäßigkeit im Zyklusverlauf als möglicher Hinweis für den Beginn von hormonellen Veränderungen in den Wechseljahren zeigt, werden vollständige **Aufzeichnungen** sehr wichtig:

- **Sie ermöglichen eine richtige Auswertung des Zyklus.**
- **Sie können wichtige Hinweise auf behandlungsbedürftige Zustände geben (Krebsvorbeugung!).**

Wenn sich 3 höhere Messungen finden, unbedingt weitermessen. Messpunkte könnten wieder auf die Tieflage fallen (vergleiche Text bei Tabelle 8).

Veränderungen der Hormone im Klimakterium

Es ist durchaus normal, dass es in diesem Lebensabschnitt der Frau zu bestimmten Veränderungen im Hormonhaushalt kommt. Damit müssen nicht notwendigerweise negative seelische Veränderungen verbunden sein. Es kann aber zu auffallenden Veränderungen in den Zyklusaufzeichnungen kommen. Diese können nen besser verstanden werden, wenn man die nachfolgende Abb. 6 betrachtet.

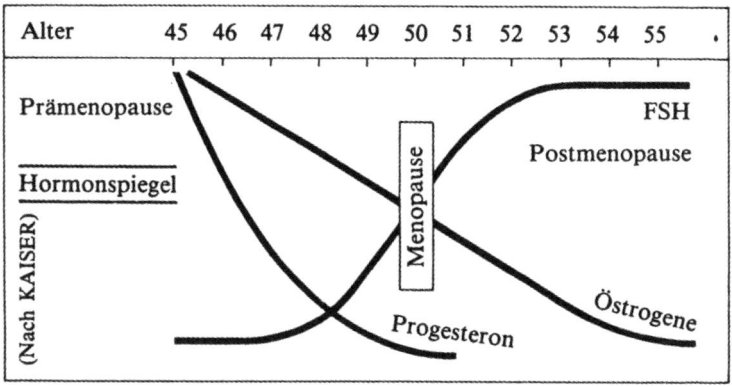

Abb. 6: Veränderungen des Hormonspiegels im Klimakterium

In der **Prämenopause** nimmt die Funktion der Eierstöcke immer mehr ab, und es vermindert sich die Zahl der Follikel. Außerdem reagieren diese immer schlechter auf die Steuerhormone der Hirnanhangdrüse (Hypophyse). Die Follikel produzieren immer weniger Östrogene. Die zu geringe Östrogenproduktion in den Eierstöcken führt dazu, dass die Hypophyse in zunehmendem Maße vor allem **FSH** (Follikel-Stimulierendes-Hormon, siehe Seite 46) ausschüttet, um vielleicht doch noch die Follikel zu einer stärkeren Östrogenbildung anregen zu können. Da dies nicht gelingt, bleibt die Menge des FSH auf einem hohen Niveau.

Eigentümlichkeiten von Zyklen in der Prämenopause

Es können Zyklen mit einer verkürzten Hochlage der Temperatur auftreten. Es kann also die Bildung von Gelbkörperhormon (Progesteron) früher abnehmen als die Sekretion von Östrogenen (siehe obige Abb. 6). So lassen sich Zyklen mit kurzen Temperaturhochlagen erklären.

■ Infolge dieser verkürzten Hochlagen werden diese Zyklen kürzer, ohne dass aber die früheste erste höhere Messung früher auftreten muss. Wenn die fruchtbare Zeit doch einmal früher beginnen sollte, machen sich die Zeichen der Fruchtbarkeit rechtzeitig bemerkbar.

■ **Wenn 3 oder 4 „höhere" Messungen auftreten sollten, die nicht die „übliche Temperaturhochlage" (Seite 40) erreichen, muss weitergemessen werden (wie in der Stillzeit, Seite 74).**

■ Der Zervixschleim kann die bisherige „beste Qualität" verlieren und kann nur mehr in „weniger guter Qualität" auftreten. Bei manchen Frauen besteht als letzter Rest von S nur die Wahrnehmung von f, unter Umständen nur an einem einzigen Tag. Das ist dann die letzte Andeutung eines möglichen fruchtbaren Tages. In dieser Situation ist f wie S zu werten. Der letzte Tag oder der eine Tag mit f ist der **Höhepunkt** •.

■ Irgendwann wird es zu einer langanhaltenden Tieflage der Temperatur kommen, und es wird entweder stark verspätet oder überhaupt keine Temperaturhochlage eintreten. **Darauf müssen Sie vorbereitet sein.** Wenn in einem Alter von etwa 45 Jahren und darüber immer wieder Phasen mit S oder nur mit f auftreten (ohne oder mit verspätetem Temperaturanstieg), wird immer wieder die **Höhepunktsregel** angewendet (Seite 73):

■ **Ab dem Abend des 4. Tages nach dem Höhepunkt** ● darf eine unfruchtbare Zeit angenommen werden, wenn an diesem 4. Tag keine Zeichen der Fruchtbarkeit vorhanden sind. Diese Regel hat sich **in den Wechseljahren** sehr bewährt. Im eigenen Beratungsdienst kam es bisher noch nie zu einer überraschenden Schwangerschaft.

Die Aufzeichnungen der **Tabelle 17** könnten ohne weiteres auch von einer Frau in den Wechseljahren stammen. Nur der Temperaturverlauf auf der Tieflage könnte in den Wechseljahren etwas ruhiger und gleichmäßiger verlaufen.

In **den Wechseljahren gelten dieselben Anwendungsregeln wie beim Stillen** (es können immer wieder **Höhepunkte** ● ohne nachfolgenden Temperaturanstieg auftreten). Andrerseits kann es in den Wechseljahren vorkommen, dass wochen- oder monatelang keinerlei Zeichen einer Fruchtbarkeit auftreten. So können sich in den Wechseljahren bisweilen sehr lange Abstände zwischen zwei „Blutungen" ergeben. Wenn Zeichen der Fruchtbarkeit fehlen, dürfen alle diese Tage als unfruchtbar angenommen werden.

Wenn einer Blutung keine Hochlage vorausgegangen ist, dann ist dies eine **Zwischenblutung**, die als möglicherweise **fruchtbar** angesehen werden muss. Eine derartige Blutung kann Schleim verdecken. Wenn sich die Blutung nicht in eine Schleimphase fortsetzt, muss **der letzte Tag der Blutung wie ein Höhepunkt** ● gewertet werden (ebenso wie beim Stillen: siehe Tabelle 17). – Sehr gut bewährt hat sich die **Muttermunduntersuchung** bei allen denkbaren Verläufen.

Besonders wichtige Beobachtungen zu Zyklusbeginn

In den Wechseljahren ist bei ausklingender Menstruation eine besonders gute Selbstbeobachtung anzustreben beziehungsweise ist der Muttermund möglichst früh im Zyklus zu untersuchen. Es können besonders früh im Zyklus Zeichen der Fruchtbarkeit auftreten. Falls zum Beispiel **EW** bereits am 4. Tag auftreten sollte, ist selbstverständlich Fruchtbarkeit anzunehmen. Bei guter Selbstbeobachtung drängen sich die Zeichen der Fruchtbarkeit von selbst auf.

Ab wann ist mit keiner Ovulation mehr zu rechnen?

Mit dem Erlöschen der Eierstockfunktion (Unterbleiben von Follikelreifung und Ovulation) steigt das **FSH** sehr stark an (Abb. 6). Sobald die „Blutungen" in großen Abständen auftreten, kaum mehr Fruchtbarkeitszeichen vorhanden sind und Temperaturhochlagen fast fehlen, soll der **FSH-Spiegel** im Blut bestimmt werden. Wenn eine **mehrmalige** Bestimmung in monatlichen Abständen stets hohe Werte ergibt, ist mit keiner Ovulation mehr zu rechnen.

Das Eintreten der **Menopause** kann dann angenommen werden, wenn zumindest ein Jahr lang keine Blutung mehr eingetreten ist.

Einige Anmerkungen zur Osteoporose

Es handelt sich dabei um eine Verminderung der Knochenmasse mit erhöhter Brüchigkeit des Knochens. Es sind Möglichkeiten einer Behandlung entwickelt worden, die es bei verminderter Knochendichte erlauben, wieder Kalk in den Knochen einzulagern, um ihn damit neuerlich zu festigen. Da es aber zum gesamten Fragenkomplex „Osteoporose" immer wieder neue Erkenntnisse in der Forschung gibt, ist es am besten, Sie besprechen alles mit Ihrem behandelnden Arzt. Auch gibt es genetische und konstitutionelle Faktoren, die ebenfalls nur der Arzt beurteilen kann.

Ratschläge zur Vorbeugung:

- Zu achten ist auf eine ausreichende **Kalziumzufuhr**, die etwa in Milch und Milchprodukten, grünem Gemüse und Nüssen vorhanden ist. Reicht das nicht aus, muss Kalzium zugeführt werden. **Magnesium kann die Kalzium-Verwertung verbessern.** Der Boden in unseren Ländern ist oft an Magnesium verarmt, sodass die Pflanze (und auch das Getreidekorn) zu wenig Magnesium erhält. Die möglichst frühzeitige Einnahme von Magnesium ist daher sinnvoll, zumal Stress auch Magnesiummangel hervorrufen kann. Wenn ein Mädchen oder eine Frau schmerzhafte Regelblutungen hat, wenn die Blutungen zu lange dauern, wenn unregelmäßige Zyklen vorliegen, kann die Einnahme von Magnesium zusätzlich diese Zustände bessern (siehe auch Seite 98).
- **Körperliche Bewegung und adäquater Sport** fördert durch Muskelbewegung den Zug am Knochen und dadurch den Einbau von Kalzium und die Festigkeit des Knochens.
- **Rauchen und übermäßiger Alkoholkonsum** hingegen fördert die Osteoporose und sind zu **vermeiden**.

Tabelle 18: Nach Absetzen der „Pille"

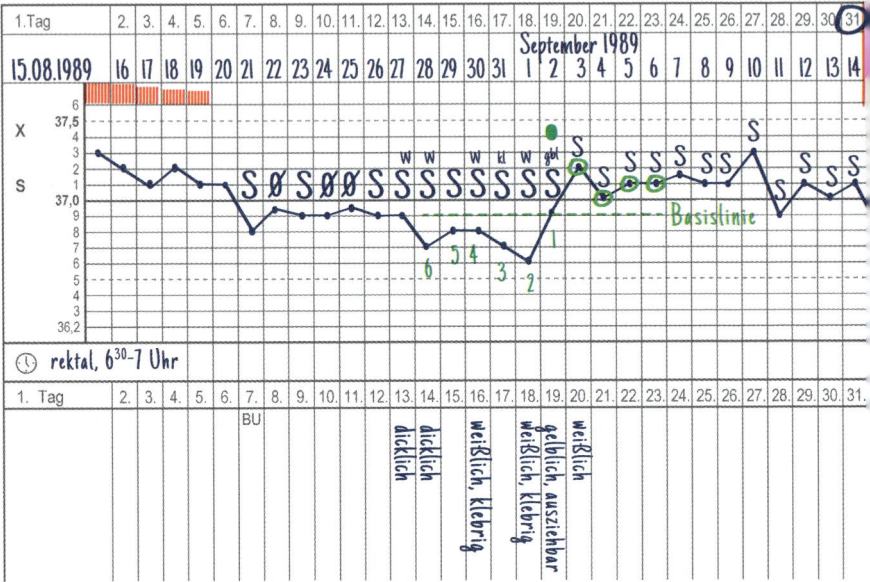

Mögliche Beobachtungen **während der Pilleneinnahme** sind am Ende des Textes zu Tabelle 1 (Seite 13) beschrieben. Wer mit der „Pille" aufhören will, soll die angebrochene Monats-Pillenpackung aufbrauchen; sonst kann es zu unregelmäßigen und schwer deutbaren Blutungen kommen. **Nach Absetzen der „Pille"** wird der **1. Tag** der eintretenden Blutung als **1. Tag** des Zyklus eingetragen und wie eine echte Menstruation gewertet. **Das Zeichen S tritt nach Absetzen der „Pille" meist in „nicht so guter Qualität" auf,** wie es das Beispiel in **Tabelle 18** zeigt:

Zu **S** von „nicht so guter Qualität" siehe Text zu Tabelle 3 (Seite 25).

Zu den nachfolgenden Symbolen siehe Anhang C (Seite 126):

w = weißlich-trüb (kann etwas klebrig sein),

kl = klumpig,

gbl = gelblich, mehr dünnflüssig: hier noch die „relativ bessere Qualität",

g = deutlich gelb, mehr dicklich-klumpig.

34.	35.	36.	37.	38.	39.	40.
17	18	19	20	21		

34.	35.	36.	37.	38.	39.	40.

Zeichenerklärung:

Die Blutung, die in nebenstehender Tabelle unterhalb des gedruckten **1.** Tages aufscheint, ist der Eintritt jener Blutung, die für gewöhnlich einige Tage nach Absetzen der „Pille" auftritt. Bis einschließlich Tag **6** darf aber nur dann Unfruchtbarkeit angenommen werden, wenn eines der älteren hochdosierten Pillenpräparate eingenommen wurde. Da die „Pillenpräparate" der heutigen Zeit sehr niedrig dosiert sind – man verspricht sich dadurch geringere gesundheitliche Nebenwirkungen –, ist Folgendes zu beachten:
– Es kann unmittelbar nach Absetzen der „Pille" zu einem Eisprung und damit zu einer Schwangerschaft kommen. Daher soll im ersten Zyklus nach Absetzen der „Pille" am Zyklusbeginn keine unfruchtbare Zeit angenommen werden.
– Unfruchtbarkeit nach Absetzen der „Pille" darf erst nach den im untenstehenden Text beschriebenen 4 „höheren" Messungen angenommen werden.
– Man soll bereits am Tag nach der letzten Pilleneinnahme mit der Temperaturmessung beginnen. Es könnte sein, dass einmal ausnahmsweise keine Blutung eintritt. Dann hat man zumindest fortlaufende Temperaturmessungen und das Ergebnis der Selbstbeobachtung.

Eine Beschreibung mit eigenen Worten erleichtert die persönliche Auswertung! Die Beifügung „ausziehbar" am 19. Tag gibt den Hinweis, dass hier der **Höhepunkt** • gelegen ist (siehe Text zu Tabelle 4, Seite 28). **Auch in derartigen S-Phasen** mit **w** und **gbl** ist das **Eintreten einer Schwangerschaft möglich.**

Die Anfängerin soll im ersten beobachteten Zyklus 4 „höhere" Messungen **nach dem Höhepunkt** • abwarten, bevor sie eine unfruchtbare Zeit annimmt, und sie soll täglich weitermessen. Nach Absetzen der „Pille" kann in der Temperaturhochlage irgendein **S** weiterhin zur Beobachtung kommen, das aber gegenüber dem **Höhepunkt** von „weniger guter Qualität" ist (hier ist die Beschreibung mit eigenen Worten besonders wichtig!: „dünn-gelblich" ist besser als „weißlich-dicklich"; „weißlich-cremig" wäre besser als „dick-gelb"; usw.).

Es kann auch sein, dass ein Temperaturanstieg nicht erfolgt und sich selbst nach Monaten keine Menstruation einstellt; dann ist ein Arzt aufzusuchen.

81

Selbstuntersuchung des äußeren Muttermundes

Der Halsteil der Gebärmutter (Zervix) ragt als halbkugelige Vorwölbung (manche Frauen sagen „wie ein kurzer Zapfen") in die Scheide. Dies ist der äußere Muttermund (Portio) mit der Öffnung des Halskanals (siehe Abb. 4 und 5, Seite 52 f.).

■ Abb. 7 mit Zeigefinger in der Scheide bei der Selbstuntersuchung in liegender Position zeigt, wie die Fingerkuppe den äußeren Muttermund des Halsteiles der Gebärmutter (Zervix) tasten kann. Im Halsteil der Gebärmutter sind Nischen (Krypten) zu erkennen, in denen der Zervixschleim gebildet wird.

■ Unterhalb der Scheide ist der Mastdarm zu sehen, oberhalb der Scheide die Harnblase mit der Harnröhre. Die Gebärmutter ist meist etwas nach vorne gekrümmt.

Eine Frau kann nur schwanger werden, wenn dünnflüssiger Zervixschleim aus dem erweiterten Halskanal fließt. Wenn sich ein dicker, undurchdringlicher Schleim im engen Halskanal befindet, ist Empfängnis unmöglich.

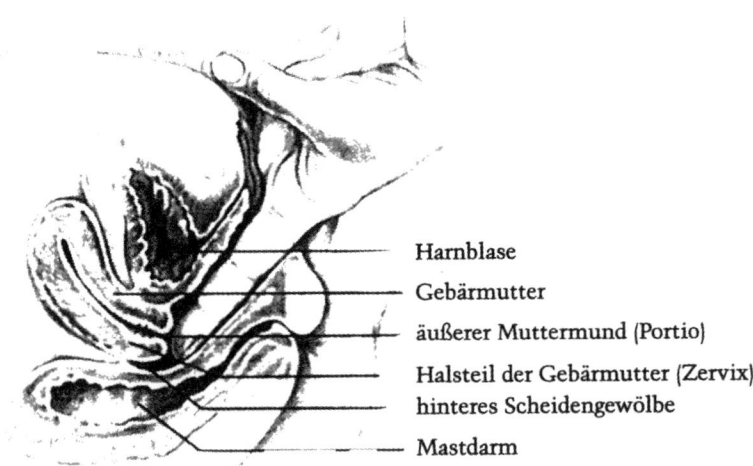

Harnblase
Gebärmutter
äußerer Muttermund (Portio)
Halsteil der Gebärmutter (Zervix)
hinteres Scheidengewölbe
Mastdarm

Abb. 7: Selbstuntersuchung (Auto-Palpation)
Finger tastet den äußeren Muttermund (Portio) im Liegen (das hintere Scheidengewölbe kommt hier besser zum Ausdruck; siehe Text nächste Seite). Leichter ist die Untersuchung in Hockstellung.

Wie wird die Selbstuntersuchung durchgeführt?

Im Hocken (zum Beispiel am Bidet) oder im Liegen – oder wenn man ein Bein auf einen Sessel stellt – führt man den Zeigefinger der einen Hand in die Scheide ein, am besten nach Entleerung der Blase. Die Fingernägel sollen kurz und die Hand gewaschen sowie mit Wasser gut abgespült sein (keine Seifenreste; kein Desinfektionsmittel verwenden, da dieses den Scheideneingang und das Scheideninnere reizt). Drückt man die Faust der anderen Hand in den Unterbauch, wird die Gebärmutter nach unten verlagert. Der eindringende Finger kann zunächst die raue Oberfläche der Scheidenwand spüren (das sind schrägverlaufende Falten). Sobald es glatter wird, ist man im Scheidengewölbe oder am Muttermund, der als zapfenförmiges Gebilde oder als halbkugelige Vorwölbung zu tasten ist. In dessen Mitte kann man ein Grübchen, eine kleine Öffnung oder – bei einer Frau, die bereits geboren hat – eventuell einen unter Umständen narbig veränderten Schlitz tasten.

■ Die Abb. 7 zeigt, dass man an der Portio vorbeirutschen und zwischen Zervix und Mastdarm (hinteres Scheidengewölbe) gelangen kann. Dann ist auf der einen Seite die weiche Wand zwischen Scheide und Mastdarm, auf der anderen Seite der härtere Muttermund. Man muss mit dem Finger etwas zurückgehen. Man kann am Muttermund auch dann vorbeirutschen, wenn eine „Knickung der Gebärmutter" nach hinten vorliegt; die Portio kann dadurch etwas mehr nach vorne oben verlagert sein. Übrigens, die übliche „Knickung" ist ein harmloser Nebenbefund, über den man sich keine Sorgen machen soll.

Wenn man Zeige- und Mittelfinger in die Scheide einführt und den Muttermund leicht ausdrückt, kann man den Beginn der Zervixschleimabsonderung entdecken, der für das Überleben der Samenzellen notwendig ist. Nach dem Herausziehen spreizt man die Finger und der typische Schleim könnte zwischen den Fingern zu sehen sein. Wenn ein Ausdrücken der Portio nicht möglich ist, kann man zumindest Größe und Konsistenz (zum Beispiel hart oder weich) des Muttermundes beurteilen. An der Fingerkuppe kann dann jener Schleim gesehen werden, der vom äußeren Muttermund (Portio) abgenommen wurde.

Tabelle 19: Selbstuntersuchung

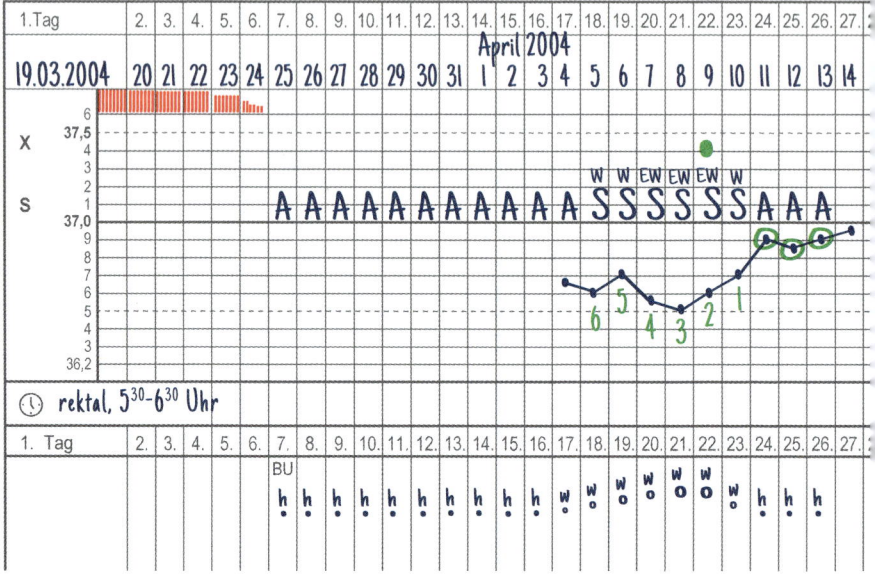

Man erlernt das Tasten des Muttermundes am besten gegen Ende der fruchtbaren Tage.

Frauen sind immer wieder beeindruckt, wie rasch sich hier der weiche Muttermund schließt und hart, ja knorpelhart wird. Dann kann man mit einiger Erfahrung die Veränderung des Muttermundes zu Beginn des Zyklus (vor den fruchtbaren Tagen) beurteilen.

In der Zeit des Lernens soll man den Muttermund täglich zur selben Tageszeit untersuchen. Die Gebärmutter und der äußere Muttermund können im Verlaufe des Tages ihre Lage etwas ändern. Nach einiger Zeit der Erfahrung bereitet diese Lageänderung für die Beurteilung des Muttermundes keine Schwierigkeit mehr.

- **Der Muttermund ist nach der Menstruation hart und geschlossen** (Ausnahme: sehr kurze Zyklen).

Oft wird berichtet, dass nach der Menstruation die Öffnung nicht so dicht geschlossen und nicht so hart ist wie nach dem „Ovulationstermin", aber der Muttermund kann trotzdem als härter und dichter geschlossen beurteilt werden.

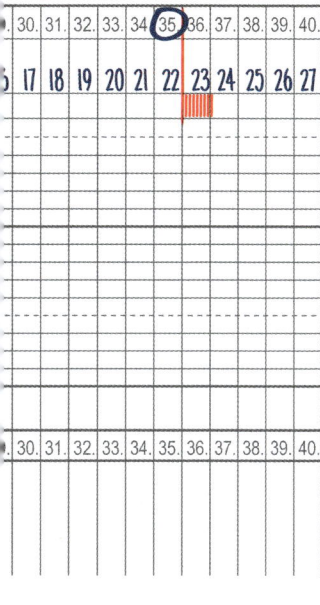

Zeichenerklärung:
Wenn eine Frau immer eine Art von „Ausfluss" hat, möge **A** eingetragen werden, bis **S** infolge einer Veränderung des Ausflusses beobachtbar wird. Wo in der nebenstehenden Tabelle **A** steht, werden andere Frauen entweder **t** oder **Ø** vermerken können. Wenn sich die Beobachtung des Zervixschleims am Muttermund mit dem **S** am Scheideneingang deckt, ist eine zusätzliche Anmerkung beim Muttermund nicht notwendig.

■ **Sobald im weiteren Verlauf des Zyklus der Muttermund weicher und/oder die Öffnung weiter wird, muss auf jeden Fall der Beginn der fruchtbaren Tage angenommen werden.** Manche Frauen können das Weicherwerden früher beobachten als das Weiterwerden. Andere wiederum berichten, dass sich der Muttermund zunächst seitlich an die Scheidenwand anlegt, ehe er weiter wird und/oder ansteigt. Die Öffnung kann dann so weit werden, dass der untersuchende Finger in den Halskanal hineinrutscht.

In der fruchtbaren Zeit kann der Muttermund nach oben verlagert sein, sodass er mit dem Finger schwer oder überhaupt nicht mehr erreicht wird. Danach wandert der Muttermund wieder tiefer und wird leichter tastbar.

■ **In der unfruchtbaren Zeit ist der Muttermund hart wie der Knorpel der Nasenspitze, in der fruchtbaren Zeit weich wie die Lippen mit einer weichen und weiteren Öffnung.**

Die Veränderungen des Muttermundes werden im untersten Anteil der Tabelle eingetragen:

· ein Punkt gibt den harten und geschlossenen Muttermund an,

oOOo kleinste und etwas größere Kreise geben die Weite der Öffnung an; wenn der Muttermund nach oben wandert, werden die Kreise etwas höher eingetragen.

85

h steht für hart, w steht für weich. Ein kleinster Kreis (fast wie ein Punkt) und h kann oft nach der Regelblutung stehen, da bei Zyklusbeginn die Öffnung nicht immer so dicht geschlossen ist wie nach dem „Ovulationstermin". Die **Tabelle 19** soll beispielsweise zeigen, wie hilfreich die Selbstuntersuchung bei einem Ausfluss **A** sein kann.

Weitere Eintragungen von Beobachtungen

Auf der dicken Linie für 37 °C wird am Abend jenes Zeichen eingetragen, das für die äußerliche Beobachtung dieses Tages zutreffend ist. Es kann sein, dass die Beobachtung am Muttermund von der äußerlichen verschieden ist; dann soll eine zusätzliche Anmerkung beim Muttermund gemacht werden (siehe Tabelle 19.1, Seite 96). Man möge bedenken, dass bei jedem Betasten des Muttermundes auch etwas Schleim mit dem Finger entnommen wird. Dann könnte es sein, dass der äußerliche Schleim verändert oder überhaupt nicht mehr vorhanden ist.

Eine eigene Anmerkung ist zur Wahrnehmung von **f** (siehe Tabelle 1.1, Seite 14) zu machen. Bei zusätzlicher Muttermunduntersuchung könnte es sein, dass manche Frau **f** nicht mehr beobachten kann. Dann wird es der Befund am Muttermund ermöglichen, den frühestmöglichen Beginn der fruchtbaren Tage abzugrenzen. Es ist aber auch möglich, dass eine Frau während des Tages **f** empfindet und dann am Abend auch die ersten Veränderungen am Muttermund entdeckt.

Erfahrene Frauen berichten, dass sich die Scheidenwand beim Einführen des Fingers an einem Tag mit **f** anders anfühlt: die Wand ist weicher und fast wie etwas dicker und feucht angeschwollen. Auch das ist ein Frühzeichen des möglichen Beginns der fruchtbaren Tage.

Wer **f** nicht wahrnehmen kann, könnte am Muttermund die ersten Veränderungen für eine mögliche fruchtbare Zeit finden, während äußerlich noch **t** oder **Ø** vorhanden ist. Bei **Fehlen der Feinbeobachtung f darf man daher bei nur äußerlicher Beobachtung nie** bis zum ersten Auftreten von **S** Unfruchtbarkeit annehmen.

Es kann weiterhin vorkommen, dass man am Muttermund bereits ein **S** der besonders fruchtbaren Tage („beste Qualität", siehe Text zu Tabelle 3, Seite 22) feststellt, während diese „beste Qualität" äußerlich nicht vorhanden ist. Dann ist wiederum eine getrennte Eintragung beim Muttermund einerseits und auf der dicken Linie für 37 °C andererseits vorzunehmen (siehe Tabelle **19.1**, Seite 96).

Von Frauen wurde aber auch bereits der Vorschlag gemacht, im Falle der Muttermunduntersuchung die Eintragungen auf der dicken Linie für 37 °C überhaupt wegzulassen und nur die am Muttermund erhobenen Befunde auch nur beim Muttermundbefund im unteren Bereich der Tabelle einzutragen. Ein derartiges Vorgehen kann durchaus empfohlen werden. **Wer S am Scheideneingang nicht beobachten kann, wird ihn fast immer am Muttermund entdecken können.**

Kombiniertes Vorgehen bei der Selbstuntersuchung
des Muttermundes

(Inwieweit man nur mit Hilfe des Muttermundes unfruchtbare Tage zu Beginn des Zyklus bestimmen kann, wird weiter unten besprochen.)

■ Solange an den Tagen nach der Menstruation der Muttermund geschlossen und hart ist, kann man Temperaturmessungen unterlassen.

■ Wenn der Muttermund weicher und/oder weiter wird, sollen Kontrollmessungen vorgenommen werden, um die tiefe Temperaturlage festzustellen.

■ Falls hier weniger als 6 Messungen auf der Tieflage vorhanden sein sollten und sich die 3 „höheren" Messungen **nach dem Höhepunkt** nicht deutlich abheben, oder **wenn die Messung der Temperatur nicht möglich ist** (zum Beispiel Nachtdienst, Erkrankungen, Überlastungssituation, Reisen besonders in andere Kontinente mit Zeitverschiebung), werden die fruchtbaren und unfruchtbaren Tage **allein mit Hilfe des Muttermundes** festgestellt. Es gibt erfahrene Frauen, die keine Temperaturmessungen mehr vornehmen und sich allein auf die Selbstuntersuchung des Muttermundes verlassen. Diese Vorgangsweise **kann** die Verlässlichkeit der sonst üblichen sympto-thermalen Methode erreichen, vor allem dann, wenn die Frau den sogenannten „Gelbkörpermuttermund" tasten kann (siehe Seite 97).

■ **Ab dem Abend des 3. Tages eines geschlossenen und harten Muttermundes besteht eine unfruchtbare Zeit.** Diese Bestimmungsmethode **kann** genauso verlässlich sein wie die üblichen 3 „höheren" Messungen nach dem Höhepunkt, vor allem dann – siehe vorhergehender Abschnitt –, wenn die Frau den „Gelbkörpermuttermund" tasten kann. Damit lässt sich bei verzögertem Temperaturanstieg der Beginn der unfruchtbaren Zeit mit Hilfe des Muttermundes früher feststellen als mit den 3 „höheren" Messungen.

Umgekehrt können in manchen Zyklen bereits 3 „höhere" Messungen nach dem Höhepunkt vorhanden sein, während der Muttermund noch nicht 3 Tage hart und geschlossen ist. In derartigen Zyklen zeigen die 3 „höheren" Messungen den Beginn der sicher unfruchtbaren Zeit früher an als die Muttermunduntersuchung. In derartigen Zyklen ist es nicht notwendig, den 3. Tag eines geschlossenen und harten Muttermundes abzuwarten.

Wenn man aber nicht weiß, ob sich zugleich eine Temperaturhochlage ausgebildet hat, muss man den Muttermund weiterhin täglich bis zum Einsetzen der nächsten Menstruation untersuchen. Sollte der Muttermund neuerlich weicher und/oder weiter werden, ist sofort wieder eine möglicherweise fruchtbare Zeit anzunehmen. Ebenso wie es manchmal Zyklen mit zwei voneinander getrennten Phasen mit S gibt, kann sich der Muttermund im Verlaufe des Zyklus mehr als einmal öffnen und wieder schließen. Das zeigt nur eine vorübergehend erhöhte Östrogenproduktion von Seiten der Eierstöcke an, die nicht unbedingt mit einem Eisprung verbunden sein muss.

Selbst eine Phase mit Zervixschleim der besten Qualität oder eine vorübergehende Öffnung des Muttermundes sind kein Beweis für eine stattgefundene Ovulation (siehe auch Tabellen 10 und 11).

Wenn eine **Erkrankung** oder eine besondere **Überlastung (Stress)** in der S-Phase oder knapp danach vorliegt – beziehungsweise an den Tagen mit einer offenen Zervix oder danach –, kann der gesamte Ovulationsvorgang unterbrochen werden und von Neuem beginnen. In derartigen Situationen ist **die tägliche Selbstuntersuchung** von unschätzbarem Wert, da eine neuerliche Öffnung der Zervix den nächstmöglichen „Ovulationstermin" anzeigt. Die neuerliche Öffnung der Zervix ist eindrucksvoller als das neuerliche Auftreten von S am Scheideneingang, das erfahrungsgemäß oft übersehen wird. Frauen haben anscheinend eine derart starke Erwartung, dass nach der S-Phase die Ovulation abgelaufen sein muss, dass sie auf die mögliche neuerliche S-Phase nicht genügend achten.

■ **Dazu kommt, dass eventuell vorhandene Temperaturwerte infolge der Erkrankung oder der Stress-Situation gerade nur so weit erhöht sein können, dass eine Temperaturhochlage vorgetäuscht wird.** Das vorhandene Krankheitsgefühl und die bewusst gewordene Stresssituation lässt eine derartige Ausnahmesituation erkennen und schützt vor einer Fehldeutung der Temperatur. Wie schon oben erwähnt, verhilft die Muttermunduntersuchung in solchen Situationen zu klaren Verhältnissen.

■ **Wenn das belastende und störende Ereignis am Ende des möglichen „Ovulationstermins" gegeben ist, muss man besonders sorgfältig vorgehen.**

Bei einem normal ablaufenden Zyklus ohne Erkrankung und ohne Stress kann man nach 3 „höheren" Messungen mit der Untersuchung des Muttermundes aufhören. Frauen, welche aus Interesse den Muttermund weiterhin täglich untersuchen, können in manchen Zyklen beobachten, dass der Muttermund inmitten der Temperaturhochlage kurzfristig etwas weiter wird und auch irgendein S gewonnen werden kann. Das hat in der ausgebildeten Temperaturhochlage keine weitere Bedeutung.

■ Eine Erklärung dieses Phänomens soll anhand der Abb. 3 auf Seite 51 versucht werden. Der Gelbkörper produziert nicht nur das Gelbkörperhormon, das bekanntlich zur Temperaturerhöhung führt, sondern auch eine bestimmte Menge Östrogene. Das Verhältnis von Gelbkörperhormon und Östrogen in der Gelbkörperphase ist der Natur nach nicht in jedem Zyklus gleich! Wenn nun in der Gelbkörperphase einmal relativ mehr Östrogene produziert werden, kann dies zu einer vorübergehenden Öffnung des Muttermundes mit etwas Zervixschleim führen. Dies ist aber kein Zeichen einer Fruchtbarkeit, dem ist daher keine Bedeutung beizumessen.

Daher ist es auch möglich, dass bei nur äußerlicher Zervixschleimbeobachtung in manchen Zyklen inmitten der Temperaturhochlage ein S (einer meist schlechteren Qualität) beobachtet werden kann, was ebenfalls ohne Bedeutung ist. **Liegt aber keine Temperaturmessung vor**, die eine Hochlage anzeigt, dann wird man bei der alleinigen Muttermunduntersuchung (oder auch nur äußerlichen Zervixschleimbeobachtung) vorsichtshalber mit der Möglichkeit rechnen müssen, dass die fruchtbare Zeit noch nicht abgelaufen ist, sondern vielleicht jetzt erst zu erwarten ist. Sobald der Muttermund dann wieder 3 Tage hart und geschlossen ist, darf hingegen neuerlich eine unfruchtbare Zeit angenommen werden.

Unfruchtbare Tage zu Beginn des Zyklus

Wenn man zu Beginn des Zyklus mit Hilfe der Untersuchung des Muttermundes möglichst viele unfruchtbare Tage herausarbeiten will, muss mit der Muttermunduntersuchung rechtzeitig begonnen werden. Bei Neigung zu sehr kurzen Zyklen kann es notwendig sein, bereits am 5. Tag des Zyklus zu beginnen, selbst wenn noch eine leichte Blutung vorhanden sein sollte. Dabei kann dann der Muttermund noch etwas geöffnet und weicher sein (während der Regelblutung ist die Zervix etwas offen). Manche Frauen beginnen mit der Selbstuntersuchung noch früher, also inmitten der ablaufenden Menstruation.

■ Selbst wer nicht zu kurzen Zyklen neigt, sollte ab dem 6. oder 7. Zyklustag beginnen. Man darf **niemals automatisch** annehmen, dass zu Beginn des Zyklus eine bestimmte Zahl von Tagen unfruchtbar ist.

■ Man darf aber zu Zyklusbeginn für gewöhnlich unfruchtbare Tage annehmen, solange der äußere Muttermund **in der für die betreffende Frau typischen Art und Weise hart** und **geschlossen ist.** Wenn diese Feststellung möglichst verlässlich sein soll, dann muss die Untersuchung des äußeren Muttermundes jeweils möglichst knapp vor dem ehelichen Verkehr vorgenommen werden.

Die geringste Veränderung im nachfolgenden Sinne kann den Beginn der fruchtbaren Tage anzeigen:
– Muttermund verlagert sich etwas seitlich (und kann etwas höher steigen) oder/und
– Muttermund wird etwas weicher oder/und
– Muttermund wird etwas weiter oder/und
– am Muttermund findet sich etwas Feuchtigkeit, die vorher nicht vorhanden war (bei manchen Frauen findet sich in der Gegend des Muttermundes immer etwas Feuchtigkeit, die dann belanglos ist),

und/oder

– der Muttermund ist in seiner Richtung oder/und Lage etwas verändert (steigt in der fruchtbaren Zeit meist etwas höher und ist dadurch schwerer oder überhaupt nicht mehr erreichbar).

Wenn der Muttermund mit dem Finger **nur betastet** wird, kann es sein, dass zu Beginn des Zyklus **X** am letzten Tag eines sich hart anfühlenden und noch geschlossenen Muttermundes zu einer Schwangerschaft führt. Wenn ein derartiges Ereignis zur Beobachtung kam, dann war am darauffolgenden Tag der Muttermund etwas weicher und etwas weiter. Derartige Schwangerschaften sind aber sehr selten. Um selbst derartige sehr seltene Schwangerschaften zu vermeiden, hat sich folgende Art der Untersuchung sehr bewährt:

■ Nach Einführen von Mittel- und Zeigefinger in die Scheide sollte man versuchen, die halbkugelige Vorwölbung des Muttermundes mit den Fingerkuppen leicht auszudrücken. Selbst wenn sich die Zervix für den tastenden Finger noch hart und geschlossen anfühlt, kann man manchmal nach dem Herausziehen der Finger bereits etwas Schleim zwischen den Fingern feststellen, der den Beginn der fruchtbaren Zeit anzeigen kann.

Der gewonnene Schleim soll mit eigenen Worten beschrieben werden. Wenn nur wenig dicker und zäher (eventuell cremiger) Schleim gefunden werden kann, könnte es sein, dass noch kein fruchtbarer Tag gegeben ist, aber in dieser Beziehung sollte jede Frau zuerst ihre eigene Erfahrung machen, wie ein derartiger Schleim zu bewerten ist. Diesbezügliche Erfahrungen kann man in einer Zeit sammeln, in der man ohnehin schwanger werden will. Verwertbare Aussagen zeigen sich nach einem Jahr des Experimentierens.

Wenn bei hartem und geschlossenem Muttermund kein Schleim und keine feuchte Absonderung gewonnen werden kann, ist noch eine unfruchtbare Zeit anzunehmen.

Es ist wichtig, immer nur einen weiteren zusätzlichen Tag als unfruchtbar anzunehmen, wenn es eben aufgrund eines harten und geschlossenen Muttermundes, aus dem nichts herausgedrückt werden kann, möglich ist. So kann man sich
langsam in den Zyklus hinein vortasten. Die Grenze zum ersten fruchtbaren Tag
kann von Zyklus zu Zyklus verschieden sein, selbst bei ein- und derselben Frau.

Frauen, die zu längeren Zyklen neigen, bekommen mit der Zeit eine gewisse Erfahrung, bis zu welchen Veränderungen ihr Muttermund eine unfruchtbare Zeit
angibt. Interessanterweise hören die Eintragungen des Zeichens **X** sehr oft wenige
Tage vor den ersten in der Tabelle eingetragenen Veränderungen auf. Manche
Frauen stellen geringfügige Veränderungen fest, die in den Aufzeichnungen nicht
erfassbar sind, zum Beispiel

– Scheide fühlt sich beim Eingehen feuchter an,
– der Muttermund hat sich seitlich verlagert.

Wenn das Ausdrücken des Muttermundes gelingt, dann wird dies mit einem
eigenen Zeichen **V** („die beiden Finger können den Muttermund ausdrücken")
unterhalb des Zeichens für den Muttermund angegeben. Ein eventuell gewonne-
ner Schleim wird darunter angeführt:

- Wie wichtig die Muttermunduntersuchung bei einer **Erkrankung** oder bei **Stress** sein kann, wurde bereits oben erwähnt. Besonderen Wert hat die Muttermunduntersuchung auch **in der Stillzeit und in den Wechseljahren**. Sie kann in diesen Lebensabschnitten als zusätzliche Untersuchung herangezogen, aber auch über längere Zeiträume als **alleinige sehr verlässliche Vorgangsweise** eingesetzt werden.

Allgemeine Bemerkungen zur Selbstuntersuchung der Zervix

Was über die Selbstuntersuchung des äußeren Muttermundes gesagt wurde, soll als reine Information angesehen werden. Es bleibt selbstverständlich jeder Frau überlassen, ob sie diese Untersuchung durchführen will oder nicht. Es soll sich keine Frau gedrängt fühlen, diese Untersuchung unbedingt vornehmen zu müssen.

Es darf aber eigens darauf hingewiesen werden, dass die Möglichkeit dieser Selbstuntersuchung im Rahmen meines Beratungsdienstes von Frauen selbst entdeckt und mit großer Begeisterung weitererzählt wurde. Als mir vor mehr als 40 Jahren Frauen zum ersten Mal davon erzählten, konnte ich es anfangs kaum glauben, dass derartige Beobachtungen möglich sind. Erst mehrere Jahre später wurde mir bekannt, dass der New Yorker Gynäkologe Dr. Edward F. Keefe bereits 1962 die Selbstuntersuchung in einer eigenen Arbeit beschrieben hatte[15].

Anlässlich einer Tagung in den USA im Sommer 1979 erfuhr ich in einem persönlichen Gespräch mit einer eingeborenen schwarzen Krankenschwester aus Ostafrika, dass dort das Wissen um die Selbstuntersuchung der Zervix von der Mutter an die Tochter weitergegeben wird, sobald diese heiratet. Dies ist ein streng gehütetes Geheimnis unter Frauen: Die Frau ist unfruchtbar, wenn die Zervix hart und geschlossen ist; wenn der Muttermund weich wird und sich öffnet, kann eine Frau schwanger werden.

Bei einem internationalen Kongress über Natürliche Empfängnisregelung in Hongkong im November 1983 traf ich dieselbe Krankenschwester wieder. In Gegenwart mehrerer Zuhörer ließ ich von ihr dieselbe Geschichte nochmals erzählen. Bei dieser Gelegenheit sagte sie uns auch, wie der Muttermund in der Eingeborenensprache heißt.

Die wörtliche Übersetzung lautet „Wasserhahn". Wenn der „Wasserhahn" offen ist und rinnt, dann kann man schwanger werden. Ist er geschlossen und trocken, dann ist man unfruchtbar ...

Inzwischen habe ich Berichte auch aus anderen Teilen Afrikas und Asiens erhalten, dass in bestimmten Kulturen diese Selbstuntersuchung seit langem bekannt und üblich ist. Daneben gibt es Gebiete, in denen man die Selbstuntersuchung nicht lehren wird, weil der kulturelle Hintergrund ein anderer ist. Wie sehr die Selbstuntersuchung eine wertvolle Hilfe für die Empfängnisregelung sein kann, zeigt die Erfahrung einer Missionarin in Nigeria. Sehr früh kam sie mit den Fragen der „Familienplanung" in Berührung, und ihre Überlegungen gingen dahin, welche Vorgangsweise sie im Rahmen ihrer Möglichkeiten den Frauen beziehungsweise Ehepaaren lehren könne: eine reine Selbstbeobachtung oder doch die sympto-thermale Methode, die sich als sehr zuverlässig, im Unterricht jedoch als sehr zeitaufwendig erwies. Daher entstand die Idee, eine reine Muttermunduntersuchung als gut lebbaren Kompromiss zu lehren – doch stellte sich die Frage, ob diese Vorgehensweise Tabus verletzen würde. Hilfreich waren für diese Missionarin Gespräche mit afrikanischen Mitarbeiterinnen aus unterschiedlichen Stämmen, die nach ihren Anleitungen bereits sympto-thermal lebten. Diese berichteten ganz unvoreingenommen von der Normalität der Berührung des Muttermundes und sie sah, dass es darüber in diesen Stämmen keine Tabus gab. Diese Berichte bestätigten der Missionarin die Natürlichkeit dieser Selbstuntersuchung und sie wagte, diese Veränderungen des Muttermundes in ihren Unterricht einzubauen.

Immer wieder berichten Frauen ganz begeistert von den Möglichkeiten, die die **Selbstuntersuchung** hinsichtlich einer **genaueren Umgrenzung der fruchtbaren Tage** bietet. Interessanterweise entscheiden sich viele junge verheiratete Frauen für diese zusätzliche Selbstuntersuchung, oder sie führen diese nur mehr allein durch. Wie verlässlich dies unter bestimmten Voraussetzungen sein kann, wurde bereits weiter oben erwähnt.

Andererseits gibt es Frauen, welche mit Hilfe der in der Tabelle 1.1 beschriebenen **Feinbeobachtung** die fruchtbaren Tage ebenso gut eingrenzen können wie andere Frauen mit der Muttermunduntersuchung. Dabei kann die erfahrene Frau auch jenseits des 6. Zyklustages unfruchtbare Tage bestimmen. Damit stehen innerhalb der Natürlichen Empfängnisregelung einige Vorgangsweisen zur Verfügung, unter denen jede Frau wählen kann, was ihr am besten zusagt.

Für die Festlegung des Beginns der **sicher** unfruchtbaren Zeit ist auf jeden Fall die **Temperaturmessung** heranziehen. Es sind dazu zumindest jene 3 „höheren" Messungen notwendig, wie es in Tabelle 8 beschrieben ist.

Zwei abschließende Bemerkungen zum Thema Selbstuntersuchung: Eine erfahrene Frau hat in ihrem Urlaub Tabelle und Thermometer vergessen und war froh, dass sie die Muttermunduntersuchung zur Feststellung der fruchtbaren und unfruchtbaren Tage anwenden konnte! Konkret hat sie auf ihre nachträglichen Aufzeichnungen geschrieben: „In Urlaub gefahren, Klimawechsel, Tabelle und Thermometer vergessen, Gott sei Dank ist die Zervix angewachsen." Der bereits erwähnte New Yorker Gynäkologe Dr. Keefe nennt die Zervix ein „eingebautes biologisches Testsystem", das jederzeit abgelesen werden kann.

In diesem Zusammenhang soll ein weiteres Buch angeführt werden, in dem verschiedene Themen zum Zyklus der Frau besprochen werden. Darin wird unter anderem auf die mögliche große Bedeutung der Selbstuntersuchung des äußeren Muttermundes auch für die Frau in den Wechseljahren hingewiesen. Umfangreich ist darin das Kapitel über den unregelmäßigen Zyklus, wie die hier besonders wichtige Zyklusbeobachtung vorgenommen werden soll und welche Behandlungsmaßnahmen ohne Einsatz von Hormonen erfolgversprechend sein können: Josef Rötzer/Elisabeth Rötzer, „Die Frau und ihr persönlicher Zyklus – Von der Vorpubertät bis in die Wechseljahre"[38].

Tabelle 19.1: Höhepunkt am Muttermund

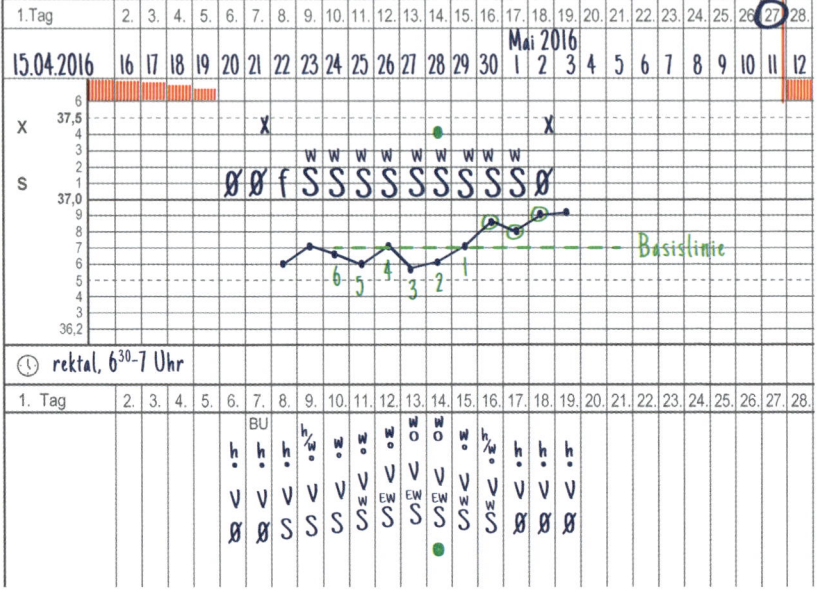

Bei täglicher Untersuchung des Muttermundes mit zwei Fingern und Entnahme von Schleim wird das äußerlich zu beobachtende S gegenüber dem S am Muttermund meist verändert und verschieden sein. Es kann vorkommen, dass S-EW am Muttermund gewonnen werden kann, während äußerlich zum Teil kein S-EW mehr festzustellen ist.

Bei derartigen verschiedenen Befunden wird der Schleim-Höhepunkt am Muttermund bestimmt, bei den Aufzeichnungen des Muttermundbefundes im unteren Bereich der Tabelle eingetragen und dann auch oben an der üblichen Stelle gekennzeichnet.

In Tabelle 19.1 besteht äußerlich eine lange Phase mit S-w, die in den Temperaturanstieg hineinreicht. Hingegen ist am Muttermund der Höhepunkt am 14. Tag deutlich zu erkennen. Am 14. Tag ist der letzte Tag mit S-EW und ein weit offener Muttermund. Dieser hier gekennzeichnete Höhepunkt wird zusätzlich oberhalb von S-w eingetragen. Die zu umrandenden 3 „höheren" Messungen liegen dann am 16., 17. und 18. Tag. Ab dem Abend des 18. Tages besteht eine sicher unfruchtbare Zeit.

Zeichenerklärung:
h/w = wurde von mitarbeitenden Frauen eingeführt, die damit ausdrücken wollen, dass sich der Muttermund beim Betasten weder in der üblichen Weise hart noch weich anfühlt, sondern zwischen den Befunden „hart" und „weich" einzustufen ist.

In diesem Beispiel gibt die 3. „höhere" Messung nach unseren Regeln den Beginn der sicher unfruchtbaren Zeit früher an als der Muttermund, der noch nicht 3 Tage hart und geschlossen ist. Wenn umgekehrt die Temperatur schon deutlich ansteigt, aber noch nicht die notwendigen „höheren" Messungen nach unseren Regeln feststehen und der Muttermund aber bereits 3 Tage hart und geschlossen ist, lässt sich die unfruchtbare Zeit mit Hilfe des Muttermundes früher bestimmen. Wenn eine Schwangerschaft auf keinen Fall eintreten soll (absolute Kontraindikation), gelten besondere Regeln – siehe Seite 104.

Frauen, die aufgrund ihrer Erfahrung nur mehr die Untersuchung des Muttermundes vornehmen, geben an, dass der Muttermund in der Gelbkörperphase besonders hart, fest und geschlossen ist – wie sonst nie im Zyklus. So kann man geradezu von einem „Gelbkörper-Muttermund" sprechen.

Eigene Kennzeichnung des „Gelbkörper-Muttermundes"

Teilnehmerinnen an Ausbildungskursen über NER regten an, den „Gelbkörper-Muttermund" mit einem eigenen Zeichen zu kennzeichnen. Am meisten Zustimmung fand der Vorschlag, anstelle des Kleinbuchstabens **„h"** für sozusagen gewöhnlich hart den Großbuchstaben **„H"** für diesen außerordentlich harten und fest geschlossenen Muttermund der Gelbkörperphase zu verwenden. Wenn eine Frau imstande ist, diese Ausprägung des Muttermundes zu ertasten, weiß sie auch ohne Temperaturmessung, dass sie sich in der Temperaturhochlage befindet. Und mit Hilfe dieses „Gelbkörper-Muttermundes" kann deshalb auch bei alleiniger Muttermunduntersuchung eine sicher unfruchtbare Zeit bestimmt werden.

Unregelmäßiger Zyklus

Was ist ein „unregelmäßiger Zyklus"?

Der Zyklus der Frau funktioniert nicht wie ein Uhrwerk, das immer gleich abläuft. Jeder Zyklus hat seinen eigenen Ablauf, sodass die Beobachtung des gesamten Zyklusgeschehens in jedem einzelnen Zyklus wichtig ist.

Bei Mädchen und jungen Frauen sind auch Zyklusschwankungen großen Ausmaßes „normal". Es kann daher in diesen Altersgruppen sehr kurze Zyklen geben wie auch wochen- bis monatelange Intervalle zwischen den Blutungen. In den Entwicklungsjahren soll daher keine Hormonbehandlung durchgeführt werden, da die Einnahme von künstlichen Hormonen (zum Beispiel auch zur Empfängnisverhütung) in den Reifejahren die biologische Ausreifung des Zyklus stoppt. Viel wichtiger ist in derartigen Fällen eine sachgerechte **Zyklus-Beobachtung**.

Unregelmäßige Zyklen, die gut auswertbar sind:

Das Erlernen der Feinbeobachtung (siehe Tabelle 1.1) und/oder der Selbstuntersuchung des äußeren Muttermundes (siehe ab Seite 82) können eine gute Auswertung ermöglichen.

Erste Überlegungen, wie man unregelmäßige Zyklen regulieren könnte: Für Frauen mit unregelmäßigen Zyklen ist eine gute Zyklusbeobachtung besonders wichtig. Durch diese Beschäftigung mit dem eigenen Zyklus kann dieser nach einiger Zeit von selbst regelmäßiger werden. So sollte man nie sagen, man könne wegen unregelmäßiger Zyklen die Natürliche Empfängnisregelung (NER) nicht durchführen. Dazu kommt, dass man selbst weiterhin unregelmäßig ablaufende Zyklen mit Hilfe der in diesem Buch angegebenen Regeln meistens auswerten kann.

Was könnte unregelmäßige Zyklen mitverursachen?

- Besteht eine Überlastungssituation, **Stress**? (körperlicher oder seelischer Art?) **Schlafmangel?** Steht zu wenig Erholungszeit zur Verfügung?
- **Mängel in der Ernährung?** Sehr gute Erfolge können mit einer ausgewogenen Vollwerternährung erzielt werden.
- **„Größe und Gewicht"** – ist ein gutes Verhältnis von Größe und Gewicht gegeben? So kann zum Beispiel eine zu rasch erfolgte Gewichtsabnahme oder Gewichtszunahme zu unregelmäßigen Zyklen führen.

Neben der Verbesserung der erwähnten Lebensumstände sind folgende einfache Maßnahmen zu empfehlen:

- **Magnesium** (in Tablettenform oder als lösliches Granulat) kann sich günstig auswirken. Seit vielen Jahren machen wir die Erfahrung, dass nach Einnahme von Magnesium der Zyklus regelmäßiger werden kann. Magnesium wird auch zur Stressbewältigung eingesetzt. Auch kann eine weitere günstige Wirkung des Magnesiums eventuell vorhandene Regelschmerzen zum Verschwinden bringen. Bei einer Nierenerkrankung soll Magnesium nicht eingenommen werden – ein Gespräch mit dem behandelnden Arzt wird hier Klarheit bringen.

- Ein bestimmtes pflanzliches Mittel namens **Mönchspfeffer** (Vitex agnus-castus) hat sich bei der Unterstützung des persönlichen Zyklusablaufes sehr bewährt. Man muss dieses Mittel (am besten in Tropfenform) lange genug einnehmen, da sich seine Wirkung nur langsam entfaltet. Sprechen Sie bitte darüber mit Ihrem Arzt und studieren Sie den Beipacktext.

- Mitarbeitende Fachärzte für Frauenheilkunde weisen auf gute Erfahrungen mit **Inositol** hin.

- **Lichteinfall und Zyklusablauf:** Von der Natur ist ein Tag- und Nacht-Rhythmus vorgegeben, mit Dunkelheit in der Nacht. Wenn dieser Rhythmus durch künstliche Beleuchtung in der Nacht durchbrochen wird, scheint dies einer Stress-Situation gleichzukommen, die sich störend auf den Zyklus der Frau auswirken kann. Somit kann sich ein total finsteres Schlafzimmer als günstig erweisen. Bei sehr langen S-Phasen hat es sich bewährt, dass die Frau am Beginn des Zyklus „dunkel" schläft, ab dem Auftreten des Zeichens S wird für eine indirekte milde Beleuchtung gesorgt, und ab Ende dieser S-Phase wird das Zimmer wieder ganz verdunkelt. Bei einem derartigen Vorgehen kann die vorher lange S-Phase verkürzt und der Zyklus regelmäßiger werden.

Die „Pille" ist – wie oben erwähnt – zur Zyklusregelung ungeeignet, da durch die Hormone der „Pille" ein künstlicher Zyklus aufgebaut wird, der nichts mit dem persönlichen Zyklus der betreffenden Frau zu tun hat. Je nach Pillenpräparat treten unter der Pilleneinnahme regelmäßige, sogenannte Abbruchsblutungen auf. Immer wieder wenden sich ratsuchende Frauen an unseren Beratungsdienst, deren Zyklus nach Absetzen der „Pille" wieder unregelmäßig – sogar noch unregelmäßiger – geworden ist. Hier ist es notwendig, Geduld zu haben, und die oben ausgeführten Überlegungen so weit als möglich zu beachten.

In ausgewählten Fällen kann eine gezielte Hormontherapie helfen, über die im Einzelnen entschieden werden muss. Dabei ist es besonders wichtig, dass die

Hormonbestimmungen dem persönlichen Zyklusablauf der betroffenen Frau angepasst werden. Mehr zur Hormonbestimmung mit verschiedenen Zyklusbeispielen findet sich im bereits erwähnten Buch „Die Frau und ihr persönlicher Zyklus"[38].

Bei unseren Landesstellen (Seite 137) können Sie folgende Merkblätter erhalten:

- Natürliche Empfängnisregelung und unregelmäßiger Zyklus
- Einnahme von Magnesium
- Lichteinfall und Zyklusablauf („Schlafen im dunklen Zimmer")

Kinderwunsch und Natürliche Empfängnisregelung
Die große Bedeutung der ganz persönlichen Zyklusbeobachtung

Die Fruchtbarkeit eines Ehepaares ergibt sich aus der gemeinsamen Fruchtbarkeit von Mann und Frau. So ist das eine Ehepaar hochfruchtbar und die Schwangerschaft tritt sofort ein, ein anderes muss lange auf die Erfüllung des Kinderwunsches warten.

Unser Beratungsdienst zur Natürlichen Empfängnisregelung wird oft von Paaren in Anspruch genommen, die seit längerem einen unerfüllten Kinderwunsch haben. Immer wieder erleben wir, dass **nach einem solchen Beratungsgespräch die angestrebte Schwangerschaft eingetreten ist** – dies auch bei langen oder bei sehr unregelmäßigen Zyklen. Ebenso kann das notwendige Wissen um die wenigen fruchtbaren Tage bei einem Kursabend erworben werden.

Für eine Frau mit Kinderwunsch besteht die erste und wichtigste Maßnahme in einer guten und vor allem fachgerechten Zyklusbeobachtung. Das Wissen, das die Paare durch dieses vorliegende Buch erworben haben, verhilft ihnen, die beste fruchtbare Zeit in einem Zyklus zu erkennen.

Da die fruchtbaren Tage der Frau ganz individuell zu liegen kommen und nicht unbedingt „in der Mittel des Zyklus" sind, wie oft fälschlich behauptet wird, ist die Bestimmung der persönlich fruchtbaren Tage gerade bei langen und unregelmäßigen Zyklen von besonderer Wichtigkeit, ja geradezu die Voraussetzung, um die fruchtbarste Zeit im laufenden Zyklus zu erkennen. In der Sterilitätssprechstunde wird dieses Faktum noch viel zu wenig beachtet, vor allem sind die zumeist gegebenen diesbezüglichen Ratschläge völlig unzureichend.

Es ist immer wieder überraschend, wie viele Schwangerschaften bei bisher unerfülltem Kinderwunsch eintreten, wenn die Frau die wenigen fruchtbaren Tage – es ist bisweilen nur **ein** Tag – aufgrund ihrer Selbstbeobachtung herausgefunden hat. Ohne diese Erkenntnis wird von den Paaren die beste fruchtbare Zeit oft nicht genutzt. **Entscheidend für das Erkennen der besten fruchtbaren Tage ist eine genaue Beobachtung des Zervixschleimes und möglicher Empfindungen!** Tabelle 20 und Tabelle 20.1 zeigen die Bedeutung dieser ganz persönlichen Zyklusbeobachtung der Frau – sowohl der Selbstbeobachtung als auch der Messung der Aufwachtemperatur – für die Erfüllung des Kinderwunsches.

Tabelle 20: Fruchtbare Tage früh im Zyklus

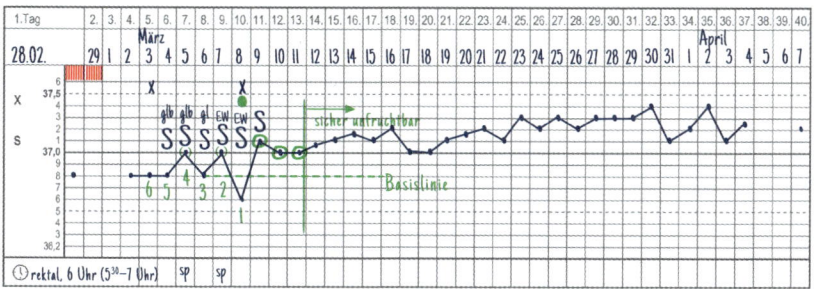

Tabelle 20 zeigt einen Zyklus, bei dem die **fruchtbare Phase sehr früh im Zyklus** liegt; sie schließt an die Blutung an. Die beste fruchtbare Zeit liegt um den Höhepunkt (10. Zyklustag). Wie der weitere Verlauf der Temperaturkurve zeigt, ist die gewünschte Schwangerschaft eingetreten. Bei diesem kurzen Zyklus ist zu betonen, dass die sicher unfruchtbare Zeit mit dem Abend des 13. Zyklustages beginnt und der oft gehörte Rat, den „Eisprung am 14. Zyklustag anzunehmen" (Seite 47), völlig falsch wäre.

Tabelle 20.1: Fruchtbare Tage spät im Zyklus

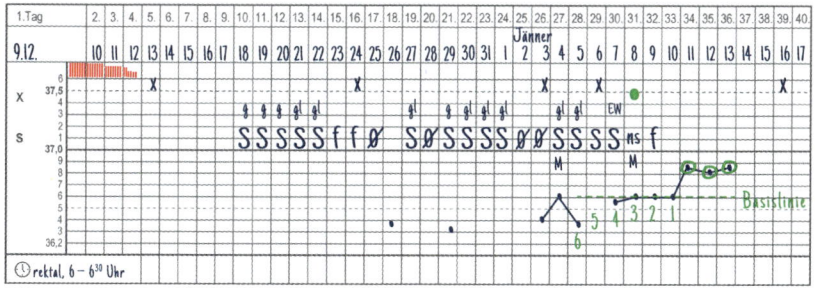

Tabelle 20.1 zeigt das Eintreten der Schwangerschaft bei einem länger andauernden Zyklus. Hier liegt die **beste fruchtbare Zeit erst zwischen dem 30. und 34. Zyklustag.** Gerade bei langen Zyklen ist die Messung der Aufwachtemperatur

sehr wichtig, da nach einer Schleimphase erst der Anstieg der Temperatur zeigt, wo die Empfängnis eingetreten ist. Und der Entbindungstermin ist von der letzten tiefen, beziehungsweise ersten höheren Messung (hier der 10. beziehungsweise 11. Januar) aus zu berechnen, und nicht – wie die Naegele-Regel sagt – von der letzten Blutung (siehe auch Tabelle 15)! Die Geburt des Kindes war am 4. Oktober.

In einem Brief schreibt ein Ehepaar zur Bedeutung der ganz persönlichen Zyklusbeobachtung bei bisher unerfülltem Kinderwunsch folgendes Zeugnis: „Mein Mann und ich hatten die Gelegenheit, an Ihrem Seminar teilzunehmen. Unser spezielles Anliegen war der seit 5 Jahren unerfüllte Kinderwunsch. Ihre Tipps dafür, die Sie uns auch im persönlichen Gespräch weitergaben, waren bereits nach zwei Zyklen erfolgreich. Wir haben bei Ihnen gelernt, dass **der Grundstein die Schleimbeobachtung ist**.“

Es seien nun einige Punkte angeführt, die **bei Kinderwunsch hilfreich** sein können:

- **Genaue Zyklusaufzeichnungen** ermöglichen die Bestimmung der besten fruchtbaren Zeit. Diese liegt gegen Ende des Zeichens **S** mit der relativ besten Qualität im konkreten Zyklusablauf und knapp davor, aber auch noch einen Tag danach und in der ersten höheren Messung. Bei schon länger unerfülltem Kinderwunsch kann es hilfreich sein, mit dem ehelichen Verkehr vom Zyklusbeginn an auf diese beste fruchtbare Zeit zu warten, damit sich die Zahl der gut ausgereiften Samenzellen erhöht.

- **Wenn** die **Samenflüssigkeit leicht wieder ausfließt**, soll die Frau mit einem Polster das Becken eine Weile hochlagern.

- Stress ist ein häufiger Sterilitätsgrund. In diesem Zusammenhang kann neben dem Stressabbau auch **Magnesium** und das „**Schlafen im dunklen Zimmer**“ eine Hilfe sein.

- **Mönchspfeffer** (Vitex agnus-castus), ein pflanzliches Mittel, hat sich bei Kinderwunsch – verabreicht in Tropfenform – bewährt.

- **Größe und Gewicht** beachten: Untergewicht und Übergewicht spielen hier eine Rolle, sodass die „Korrektur“ des Körpergewichtes einen wichtigen Faktor bei der Beratung bei unerfülltem Kinderwunsch darstellt.

- Weitere **Kinderwunschfaktoren**, die nur der Facharzt abklären kann, sind zu beachten, wie zum Beispiel Schilddrüse, Nebenniere, Hirnanhangdrüse und Diabetes. Daher sollte man einen umfassenden Hormonstatus erheben lassen (wichtig: dabei auf die konkrete Zyklusbeobachtung achten), und ev. überprüfen, ob eine Allergie gegen die Samenflüssigkeit vorliegt.

- **Untersuchung beim Mann:** 40 Prozent des unerfüllten Kinderwunsches liegen auf Seite des Mannes. Wenn der Spermienbefund schlecht sein sollte, dann soll man zur besten fruchtbaren Zeit an einem Tag zweimal Verkehr haben. Dieser fast paradox anmutende Ratschlag ist durch gut belegte praktische Erfahrungen gedeckt.

- Den **Fokus** bewusst auf **das „Geistige" in der Ehe** legen: Diese Ebene lässt das „Biologische" in den Hintergrund treten und entspannt die Kinderwunschsituation.

- Nicht jedem Ehepaar wird der Kinderwunsch erfüllt werden können. Vielleicht wäre es bei bisher unerfülltem Kinderwunsch eine Hilfe, sich als Ehepaar ganz bewusst damit auseinanderzusetzen, was es für die Ehe bedeuten würde, wenn man keine eigenen Kinder bekommen kann. Welche Chancen und welches auch soziale Engagement könnten sich dadurch für das Paar eröffnen? Welche Möglichkeiten des **Mutter- und Vater-Seins** könnten sich in anderer Hinsicht erschließen?

- INER-Mitarbeiter haben speziell für unerfüllten Kinderwunsch eine Homepage erstellt, bei der alle Personen (nicht nur die mit unerfülltem Kinderwunsch) zum Mitbeten eingeladen werden: **www.kinderwunschgebet.info** E-Mail: kinderwunschgebet@kinderwunschgebet.info

- **Spezielle Kursangebote zu „NER und Kinderwunsch"** finden Sie auf unserer Homepage **www.iner.org**

- Wer ein **persönliches Gespräch** bei Kinderwunsch sucht, findet Adressen für die Beratung ebenfalls auf unserer Homepage.

Bei unseren Landesstellen (www.iner.org) können zu folgenden Themen **vertiefende praktische Anleitungen** bezogen werden:

- Überlegungen bei Kinderwunsch
- Einnahme von Magnesium
- Lichteinfall und Zyklusablauf („Schlafen im dunklen Zimmer")
- sowie weitere hilfreiche Unterlagen, zum Beispiel für das Paargespräch bei Kinderwunsch.

Weitere Hinweise und Tabellenbeispiele zum Themenbereich „Kinderwunsch" finden Sie in folgendem Buch: Josef Rötzer/Elisabeth Rötzer, „Die Frau und ihr persönlicher Zyklus – Von der Vorpubertät bis in die Wechseljahre"[38].

Anmerkungen zu Verlässlichkeit und Terminologie

Nach Spieler und Thomas (USA, 1989)[40, S. 133], zwei Experten der Familienplanung, sind die Methoden der Natürlichen Familienplanung (NFP) in sich selbst keine Methoden der Empfängnisverhütung oder Kontrazeption. Aufgrund von natürlichen Zeichen wird eine Bestimmung der fruchtbaren und unfruchtbaren Tage ermöglicht, sodass man entweder eine Schwangerschaft anstreben oder vermeiden kann. Wir sprechen in diesem Zusammenhang von einer verantworteten Elternschaft. (Näheres dazu im Buch „Die Dynamik der Liebe"[7])

Das Unterlassen des ehelichen Verkehrs an den fruchtbaren Tagen ist keine „Empfängnis**verhütung**", da keine aktive Verhütungsmaßnahme gesetzt wird. Die Verwendung des Ausdrucks „**Natürliche** Empfängnis**verhütung**" ist daher bereits vom Sinn der Sprache her nicht richtig. Wir sprechen ganz allgemein von **Natürlicher Empfängnisregelung (NER)** und bevorzugen diesen Ausdruck gegenüber dem Begriff „Natürliche Familienplanung" (NFP). Das Wort „Planung" erscheint uns zu technisch und erweckt den Eindruck, als ob im Leben alles machbar wäre. Da derzeit etwa jedes 7. Paar ungewollt kinderlos bleibt, zeigt sich, wie wenig eine Schwangerschaft eigentlich „geplant" werden kann. Beim Begriff NER schwingt eine gewisse Verantwortlichkeit mit. Man könnte dies mit „verantwortlicher NER" verstärkt zum Ausdruck bringen.

Unter dem Sammelnamen „**Geburtenkontrolle**" werden alle Methoden der Empfängnisverhütung und der Abtreibung (dazu zählen auch die sogenannten „Nidationshemmer", siehe Text zu Tabelle 1) verstanden. Wenn die Notwendigkeit besteht, dass eine Empfängnis nicht eintreten darf, dann ist zu bedenken, dass unter allen Methoden der Geburtenkontrolle **keine** Methode existiert, die eine Zuverlässigkeit von 100 Prozent hat (siehe Abb. 8, Seite 106).

Das muss mitberücksichtigt werden, wenn man die **Verlässlichkeit der Natürlichen Empfängnisregelung Rötzer** richtig würdigen will:

■ Wenn eine Schwangerschaft auf keinen Fall eintreten soll, dann darf ehelicher Verkehr überhaupt **nur an den sicher unfruchtbaren Tagen** sein (Tabelle 5, Seite 31); **es muss täglich weiter gemessen werden; sobald die Temperatur von der Hochlage absinkt, zeigt sich das Ende des Zyklus:** Seite 31 und 41.

Um einen subjektiven Irrtum in der Auslegung zu vermeiden, soll erst nach Vorliegen von **4 „höheren" Messungen nach unseren Regeln** eine absolut unfruchtbare Zeit angenommen werden – als reine Vorsichtsmaßnahme. Bereits bei Einhaltung unserer Original-Regeln ist in der Temperaturhochlage in den im eigenen Beratungsdienst aufliegenden mehr als 300.000 Zyklen bisher noch nie eine Schwangerschaft eingetreten. Diese Vorgangsweise hat sich daher – so unwahrscheinlich dies auch in biologischer Hinsicht klingen mag – als **100 Prozent zuverlässig** bestätigt. **Zu Beginn des Zyklus gibt es keine hundertprozentig unfruchtbaren Tage.**

- Die Annahme der **Unfruchtbarkeit der ersten 6 Zyklustage** (unter den bekannten Voraussetzungen, siehe Tabelle 2 und 7) ist sehr verlässlich (weniger als „eine Schwangerschaft auf 6.000 Zyklen"[30, 32], das ist ein Pearl-Index von weniger als 0,2 beziehungsweise eine **Verlässlichkeit von mehr als 99,8 Prozent**). Das liegt in derselben Größenordnung wie der Pearl-Index der besten Pillenpräparate (siehe Abb. 8). Der Pearl-Index gibt an, wie viele Schwangerschaften bei 100 Ehepaaren in einem Jahr bei Verwendung einer bestimmten Methode auftreten (in dieser Form nicht ganz exakt, der Index sollte auf „100 Frauenjahre" bezogen werden).

- Bei Bestimmung von **zusätzlich** unfruchtbaren Tagen zu Beginn des Zyklus wurde in Untersuchungsreihen des eigenen Beratungsdienstes ein Pearl-Index von 0,9 gefunden, also kleiner als 1[32] (insgesamt mehr als 30.000 Zyklen bei mehr als 1.000 Frauen). Darin sind die Anwendungsfehler eingeschlossen. Theoretisch sind die in diesem Buch angeführten Bestimmungsmöglichkeiten auch hier fast fehlerfrei. Damit wird in der praktischen Anwendung die Verlässlichkeit der lokal anzuwendenden Verhütungsmittel bei weitem übertroffen, und sie ist besser als die Verlässlichkeit der Spirale (die kein Verhütungsmittel ist, sondern zu Frühabtreibungen führt).

Die praktischen Erfahrungen ungezählter Ehepaare haben gezeigt, dass die Natürliche Empfängnisregelung nicht bloß eine Methode unter anderen ist, sondern zu einem ganz bestimmten Lebensstil wird[41]. Sie ist auch keine „Verhütungsmethode". Deshalb ist die Verlässlichkeit der Natürlichen Empfängnisregelung (NER) oben in einem eigenen Abschnitt herausgearbeitet worden. Die Abbildung 8 bringt die entsprechenden Zahlen zur **Geburtenkontrolle.**

Abb. 8: Zuverlässigkeit von Methoden der Geburtenkontrolle

Anzahl von „überraschenden" Schwangerschaften im ersten Anwendungsjahr pro 100 Frauen bei korrekter (bereinigter Pearl-Index) und typischer Anwendung (Pearl-Index) verschiedener Methoden der Geburtenkontrolle.

(Zusammenstellung von Dr. med. Rudolf Ehmann für das Buch „Natürliche Empfängnisregelung". Modifiziert nach: Wiegratz, I.; Thaler C. J.: Hormonal contraception – what kind, when, and for whom? Dtsch Arztebl Int 2011; 108(28–29): 495–506. DOI: 10.3238/arztebl.2011.0495)

Methode	Bereinigter Pearl-Index (korrekte Anwendung)	Pearl-Index (typische Anwendung, „Anwendersicherheit")
Sterilisation der Frau	0,5	0,5
Sterilisation des Mannes	0,1	0,15
Ovulationshemmer oral	0,3	8 (2,2*[1,2] 0,2-6*[3])
kontrazeptives Pflaster	0,3	8 (1,2*[2])
kontrazeptiver Vaginalring	0,3	8 (1,2*[2])
Minipille	0,3	8
Minipille mit Desogestrel	(0,14*[2])	(0,41*[2])
Depot-Gestagen (Medroxyprogesteronacetat)	0,3	3
Gestagen-Implantat	0,05	0,05
Intrauterinpessar (Kupfer)	0,6	0,8 (0,5-3 *[4])
Intrauterinpessar (Levonorgestrel)	0,2	0,2 (0,5-3*[4])

Methode	Bereinigter Pearl-Index (korrekte Anwendung)	Pearl-Index (typische Anwendung, „Anwendersicherheit")
Kondom für den Mann	2	15
Kondom für die Frau	5	21
Spermizid	18	29
Diaphragma mit Spermizid	6	16
Intravaginalschwamm (Nulliparae)	9	16
Intravaginalschwamm (Parae)	20	32
Coitus interruptus	4	27

Da alle lokal anzuwendenden Verhütungsmaßnahmen nicht verlässlich sind, sind sie an den fruchtbaren Tagen als eine Art „Überbrückung" nicht geeignet (siehe Text zu Tabelle 12). Vor allem handelt es sich bei Verwendung von Verhütungsmitteln **nicht** mehr um NER! Überraschende Schwangerschaften, die aufgrund dieser Verwendung von Verhütungsmaßnahmen eintreten, dürfen nicht der NER angelastet werden.

*1 ergänzt durch Daten von Dinger, J.; Minh, T. D.; Buttmann, N.; Bardenheuer, K.: Effectiveness of oral contraceptive pills in a large U.S. cohort comparing progestogen and regimen. Obstet Gynecol 2011; 117: 33–40.
*2 ergänzt durch Daten von Mansour, D.; Inki, P.; Gemzell-Danielson, K.: Efficacy of contraceptive methods – a review of the literature. Eur J Contracept Reprod Health Care 2010; 15: 4–16.
*3 ergänzt durch Daten von Teichmann, A.: Kontrazeption – Ein Kompendium für Klinik und Praxis. Wissenschaftliche Verlagsgesellschaft mbH, Stuttgart 1991.
*4 ergänzt durch Daten von El Mahgoub, S.; McCarthy, T. et al.: Long-term contraception with the levonorgestrel 20 mcg/day (LNg 20) and the Copper T 380Ag intrauterine devices: A five-year randomized study, in: Contraception, 1990 42 (4), 361–378. Andersson, K.; Odlind, V.; Rybo, G.: Levonorgestrel-releasing and copper-releasing (Nova T) IUDs during five years of use: A randomized comparative trial, in: Contraception 1994 (49), 56–72. Pasquale, S.: Clinical Experience With Today's IUDs, in: Obstet & Gynecol Survey, Vol. 51, supplement; No. 12; 1996; 25–29.

Natürliche Empfängnisregelung –
der partnerschaftliche Weg

Immer wieder klagen Frauen darüber, dass sie sich „allein gelassen" fühlen, wenn sie täglich die „Pille" schlucken müssen. Selbst die niedrigst dosierten Pillen konnten die am meisten gefürchteten Nebenwirkungen nicht beseitigen. Diese die gesamte Ehe belastende Situation ruft nach einer Mitarbeit des Mannes bei der Lösung des Problems der Regelung der Empfängnis, das über Jahrzehnte hinweg bewältigt werden muss. Derzeit wird diese Last fast ausschließlich der Frau aufgebürdet.

Die feststellbare Pillenmüdigkeit fällt mit einer anderen weltweiten Bewegung zusammen, nämlich der Suche nach einem natürlichen Leben inmitten der überhandnehmenden Technisierung. Man wehrt sich gegen die zunehmende Umweltverschmutzung in all ihren Formen, wie auch gegen den übersteigerten Medikamentenmissbrauch. Frauen fühlen sich von der Pille „chemisch verändert".

So stößt die Natürliche Empfängnisregelung (NER) nunmehr auf vermehrtes Interesse. Was liegt eigentlich näher, als an den wenigen fruchtbaren Tagen auf den ehelichen Verkehr zu verzichten, wenn eine Schwangerschaft vorübergehend oder dauernd nicht verantwortet werden kann? Die Beobachtung des Zyklusablaufs wird für die Frau und für den Mann zu einem interessanten gemeinsamen Erlebnis. Oft stellt sich ein weiteres unerwartetes Ereignis ein, dass nämlich bis dahin unregelmäßige Zyklen regelmäßiger werden. Wird eine Schwangerschaft gewünscht, weiß man um die Lage der fruchtbaren Tage und kann zusätzliche Erfahrungen sammeln (siehe Seite 67 f. und 90 ff.).

Es hat sich sehr bewährt, wenn der Mann die Aufzeichnungen führt. Dadurch ist er ständig informiert, an welchem Tag des Zyklus sich seine Frau befindet. Im gemeinsamen Gespräch werden Schwierigkeiten besprochen und schon allein dadurch einer Lösung nähergebracht.

Man lernt dadurch auch, unbefangen über intime Dinge zu reden. Dieser partnerschaftliche Weg regt das Gespräch in der Ehe von Neuem an und verhindert ein Nebeneinanderleben in Schweigen, das den Tod so vieler Ehen bedeutet.

Die gemeinsame Bewältigung der fruchtbaren Tage, an denen bewusst auf den ehelichen Verkehr verzichtet wird, lässt das Ehepaar erleben, dass es auch noch andere Ausdrucksformen ehelicher Liebe gibt. Ein hoher Stellenwert kommt hier der Zärtlichkeit zu, die auch sonst das gemeinsame Leben ständig begleiten soll. Männer vergessen sehr oft die Zärtlichkeit im Alltag und übersehen, dass die Frau viel mehr danach verlangen würde, bisweilen mehr als nach dem ehelichen Verkehr (vielleicht auch deshalb, weil der Mann die Zärtlichkeit im Alltag vergisst?). Man sollte eigentlich nie von Tagen der Enthaltsamkeit oder Abstinenz sprechen, da dies einen negativen Klang hat. Es sind ja nicht Tage ohne Liebe! Wie schön hat ein Ehepaar es formuliert: „Wir sprechen nicht so sehr von der periodischen Enthaltsamkeit, sondern vom periodischen Einswerden – worauf wir uns in der enthaltsamen Zeit vorbereiten, auf ein Fest, auf das volle Einswerden. Die Enthaltsamkeit ist die Vorbereitung darauf."

Auch die Pflege gemeinsamer Interessen kann helfen, diese Tage, an denen der eheliche Verkehr unterbleiben soll, besonders kreativ zu gestalten. Immer mehr Ehepaare berichten über die positiven Auswirkungen eines derartigen Verhaltens, wenn dies in beiderseitigem Einvernehmen geschieht. Dies hat schon mancher Ehe einen neuen Sinn gegeben und die gegenseitige Liebe reifer werden lassen (siehe Buch „Die Dynamik der Liebe"[7] und die bei den INER-Landesstellen erhältliche Broschüre von Hubert und Margret Weißenbach „Ganz Mann sein"/ „Ganz Frau sein").

Einige Bemerkungen zur Geschichte der NER

Eine Darstellung der Entwicklung moderner Methoden der Natürlichen Empfängnisregelung (NER) und deren physiologischen Grundlagen findet sich in dem umfangreichen Werk von Frank und Raith (1985, 1994, 2012)[8]. Ziegler (1990)[49] bringt nach einem kurzen geschichtlichen Abriss einen Überblick über die damit im Zusammenhang stehenden ethischen Fragen. Im Nachfolgenden können nur sehr lückenhaft einige Punkte der geschichtlichen Entwicklung herausgegriffen werden.

Die modernen Formen der Natürlichen Empfängnisregelung (NER) sind ohne die wissenschaftlichen Vorarbeiten des Österreichers Prof. Dr. Hermann Knaus [17, 18, 19] und des Japaners Prof. Dr. Kyusaka Ogino[25, 26] nicht denkbar. Die „Methode Knaus-Ogino" arbeitet nur mit Rechenregeln und hatte bei halbwegs regelmäßigen Zyklen keine schlechten Ergebnisse. Dass diese Rechenregeln in der heutigen Zeit nicht mehr empfohlen werden dürfen, soll die großen Verdienste dieser beiden Forscher keineswegs schmälern.

Erste eigene Erfahrungen („sympto-thermale Methode")

Wie bereits auf Seite 7 angeführt, begannen 1951 die ersten eigenen Erfahrungen mit der NER. Die eigene Vorgangsweise ist die erste kombinierte und voneinander abhängige Auswertung der Aufwachtemperatur in Abhängigkeit vom Zervixschleim und ist somit – von der Sache her gesehen – die **erste echte sympto-thermale** Methode. [8 (1994), S. 10; 48, S.166] 1965 erschien hierüber das erste eigene Buch[27] zur praktischen Anwendung und 1968[28] die erste medizinische Arbeit.

Der Name „sympto-thermale" Methode war damals nur im Ausland üblich. Man verstand darunter die Möglichkeit, dass manche Frauen bei genauer Beobachtung „Symptome" als angebliche „Zeichen des Eisprungs" beobachten könnten, wie zum Beispiel „Ausfluss" (besser als verflüssigter Zervixschleim zu bezeichnen) und Schmerzen im Unterleib; diese Beobachtungen sollte man eintragen. Es muss darauf hingewiesen werden, dass der Ausdruck „Zeichen des Eisprungs" irreführend ist, da diese Zeichen wohl im Zusammenhang mit einem Eisprung auftreten können, aber für einen tatsächlich erfolgten Eisprung nicht beweisend sind.

Es ist daher ein schwerwiegender Irrtum, wenn manche Frauen sagen, dass sie ihren Eisprung „spüren" könnten („Mittelschmerz" ist nicht verlässlich). Derartige Annahmen können zu überraschenden Schwangerschaften führen. Wenn dann diese subjektiven Zeichen bei der Temperaturmessung (das ist mit „thermal" gemeint) mit dem Temperaturanstieg irgendwie zusammenpassten, wurde trotzdem nur eine **alleinige Temperaturauswertung** gemacht. Der New Yorker Gynäkologe Keefe (1949)[14] war wohl der Erste, der einen derartigen Hinweis gab.

Anleitungen gleicher Art fanden sich auch in der deutschsprachigen Literatur, wie zum Beispiel bei Hubert Hillebrand (1962)[10], Holt (1959)[11] sowie Indago und Egenter (1952, 1964)[12] – Indago ist das Pseudonym für August Wilhelm von Eiff –, das heißt also Anleitungen, die keine Regeln angaben, wie Zervixschleim und Temperatur miteinander zu verbinden sind. Der holländische Gynäkologe Holt (Buch in deutscher Übersetzung 1959)[11] gab eine geradezu geniale Temperaturregel an (siehe später), die aber kaum beachtet wurde. Ansonsten wurden zum Teil kaum erfüllbare Regeln aufgestellt, oder es herrschte Unsicherheit, um nicht zu sagen Hilflosigkeit, bei der Auswertung von Temperaturkurven, die nicht den erwarteten steilen Temperaturanstieg (nicht einen „Temperatursprung") aufwiesen.

Die Anfänge der Temperaturmethode

Der Erste, der bereits 1929/30 die Idee hatte[9], die Temperaturmessung in den Dienst der Geburtenregelung zu stellen, war der katholische Landpfarrer Wilhelm Hillebrand[10]; 1959 erhielt er den Dr. med. h.c. der Kölner Universität[24]. Prof. Döring hat in seiner Arbeit 1950[4] Temperaturaufzeichnungen von Wilhelm Hillebrand mitverwertet. Von Döring wurde die Temperaturmessung durch einen erstmals 1954 publizierten Leitfaden weiten Kreisen bekannt gemacht, der ab der 7. Auflage 1968 den Titel „Die Temperaturmethode zur Empfängnisverhütung"[5] hat. Leider hat die gynäkologische Literatur im Allgemeinen noch nicht zur Kenntnis genommen, dass NER an sich nicht „Empfängnisverhütung" ist (siehe in diesem Buch Kapitel „Anmerkungen zu Verlässlichkeit und Terminologie", Seite 104 ff.). Vollmann schrieb 1947[45] eine praktische Anleitung zur Temperaturmethode und 1977[46] ein umfangreiches Werk dazu. 1959 erschien die deutsche Übersetzung eines Buches des holländischen Gynäkologen Dr. Holt[11], der die grundlegende Regel zur Temperaturauswertung angibt: Man warte 3 höhere Messungen ab, von denen jede einzelne für sich zumindest 0,1 °C höher ist als die höchste Messung der 6 vorausgegangenen tieferen Messungen; dann befinde man sich in der unfruchtbaren Phase vor der nächsten Menstruation. Die Erfahrung zeigte, dass diese Regel in dieser Form nicht ganz verlässlich ist. Es ist notwendig, die Auswertung der 3 höheren Messungen zusätzlich vom Ablauf der Zervixschleimphase abhängig zu machen und mit der 3. höheren Messung eine bestimmte Temperaturdifferenz zu erreichen, wenn man die absolut unfruchtbare prämenstruelle Phase bestimmen will (siehe Text zu Tabelle 5, ab Seite 30).

Die Ovulations-Methode von Billings

1964 erschien die erste Auflage von John J. Billings „Die Ovulations-Methode"[1]. In dieser ersten Auflage wird eine **Temperaturmethode** (!) beschrieben und die Frau angeregt, den Zervixschleim zu beobachten. Billings war Jahre hindurch der Meinung, dass nur etwa 70 Prozent der Frauen den Schleim beobachten könnten[1, S. 41]. Was wir heute unter der **Billings-Methode** als alleinige Schleim-Beobachtung und Wahrnehmung von Empfindungen verstehen, existiert erst seit 1971[2, S. 165].

Zur Unterweisung in der Ovulations-Methode dient der seit 1973 in mehreren Auflagen erschienene „Atlas of the Ovulation Method"[2], in dem als Mitverfasser auch Frau Dr. Evelyn L. Billings und Rev. Maurice Catarinich genannt werden. Darin wird der letzte Tag jenes Schleims, der die beste fruchtbare Zeit anzeigt, als „Peak" („Höhepunkt") definiert.

Wir arbeiteten von Anfang an bei unserer sympto-thermalen Methode mit dem „letzten Tag des fadenziehenden glasigen Schleims" („wie rohes Eiweiß"), da erst danach „höhere" Messungen umrandet werden dürfen. Als international immer mehr der Name „Peak" akzeptiert und verbreitet wurde, wollten wir die gegenseitige Verständigung erleichtern und suchten nach einer passenden Übersetzung von „Peak" ins Deutsche. In Anlehnung an einen in der Medizin bereits üblichen Begriff fanden wir den deutschen Ausdruck „Höhepunkt" zutreffend, der bei uns den „letzten Tag des (relativ) besten Schleims" meint. Bei der gynäkologischen Untersuchung und Inspektion der Zervix spricht man vom „Höhepunkt der östrogenen Aktivität", nach dessen Überschreiten das Eintreten der Ovulation erwartet werden kann – die aber nicht eintreten muss!

Es ist daher nicht richtig, wenn man immer wieder zu hören bekommt, dass die sympto-thermale Methode eine Kombination der Billings- und der Temperaturmethode sei. Unsere eigenen Anleitungen zur Beobachtung des Zervixschleims und dessen Einbau in die Temperaturauswertung wurden vor und unabhängig von Billings angegeben (siehe Döring).[6, S. 23]

Die Methode der „doppelten Kontrolle"

Paul Thyma stellte 1973[42] in einem schmalen Bändchen eine kombinierte Auswertung von Temperatur und Zervixschleim vor, die er 1976[43] „Methode der doppelten Kontrolle" nannte. Diese Methode könnte als eine weitere echte sympto-thermale Methode angesehen werden. John und Sheila Kippley (1975)[16] bringen in ihrem ausgezeichneten Buch ebenfalls eine gewisse Zusammenschau von Temperaturmessung und Auswertung des Zervixschleims, in ähnlicher Weise auch Margaret Nofziger (1976)[23].

Thyma verlangte **3 Messungen auf der anhaltenden Hochlage** („sustained high temperature"[43, S. 24 f.]) und die Feststellung des **4. Tages nach dem Schleim-Höhepunkt**; was davon immer später im Zyklus eintrat, gab den Beginn der unfruchtbaren Zeit an.

Aufgrund unserer Regeln war es möglich, bereits am Abend des **3. Tages nach dem Höhepunkt** unfruchtbare Tage festzulegen, wenn es der Temperaturverlauf zuließ (siehe Tabelle 5, Seite 30). Auf internationaler Ebene wurde diese bereits 3 Tage nach dem Höhepunkt bestehende Möglichkeit von unfruchtbaren Tagen in den Siebzigerjahren immer wieder bestritten. Ich musste meine diesbezüglichen Ergebnisse zum Beispiel in den USA, in England, in Australien, in Neuseeland, in Japan und in Hongkong ständig verteidigen. Die Billings-Regel und die darauf aufbauende Original-Thyma-Regel galten als praktisch unumstößliche fundamentale Regeln. Endlich fanden sich aber doch einige Gruppen, welche bei ihrer „doppelten Kontrolle" die Möglichkeit des 3. Tages nach dem Höhepunkt akzeptierten.

Diese bereits praktisch bewährte Modifikation der Thyma-Regel wurde in das Buch „Natürlich und sicher" (1987)[21, 22] der Arbeitsgruppe NFP in Bonn mit der dort beschriebenen Methode der „doppelten Kontrolle" übernommen und mit den Temperaturregeln von Rötzer kombiniert (siehe Fußnote Seite 58[21], siehe auch eine Schweizer Buchbesprechung[13]). Der auf Seite 57[21] umschriebene „Temperaturanstieg" entspricht derart genau der Regel nach Rötzer, dass man dort den Hinweis fordern müsste: „Definition nach RÖTZER". Auch fast alle Symbole zur Bezeichnung der Beobachtungen am Scheidenausgang sind von Rötzer übernommen.

Auf dem Weg in die Zukunft – Aufbau von Beratungsdiensten

In den Siebzigerjahren und lange davor war im gesamten deutschen Sprachraum praktisch nur mein kostenlos angebotener Beratungsdienst öffentlich tätig; und den musste ich gegen Widerstand führen (Ziegler[49, S. 35 f.]). In den vergangenen Jahren hat sich in dieser Hinsicht dankenswerterweise viel geändert. Seit 1981 zeigte sich immer wieder die Notwendigkeit, so genannte „Multiplikatoren" auszubilden, die das Wissen über die NER in Kursen weitergeben können. Im Laufe der folgenden Jahre erschien es immer notwendiger, diese Multiplikatorenausbildung organisatorisch zu erfassen und zu steuern. Es wurde daher 1986 das **Institut für Natürliche Empfängnisregelung Dr. med. Josef Rötzer (INER) e. V.** gegründet, zunächst für den deutschsprachigen Raum. Mit der Zeit schlossen sich andere Länder dieser Entwicklung an, und es kam zur Gründung von INER Italia, INER Polen und INER Georgien. Neben diesen Ländern, in denen INER organisiert ist, haben sich auch andere Länder, darunter zum Beispiel Rumänien, Kroatien und in jüngster Zeit auch die Ukraine, gefunden, die auf einer lockeren und freiwilligen Basis einen Zusammenschluss im Sinne von INER suchen. Einzelne interessierte Personen haben sich in mehr als 20 Ländern weltweit INER als Mitglieder angeschlossen.

Um diese weitere Verbreitung von INER zu fördern, stehen von dem vorliegenden Standardwerk „Natürliche Empfängnisregelung" 17 Übersetzungen zur Verfügung. Die Liste der Übersetzungen finden Sie unter www.iner.org.

Mein öffentlich auszusprechender Dank an all jene Personen, die zur Verbreitung der NER beigetragen haben und beitragen, würde den Rahmen dieses Buches sprengen. So möchte ich stellvertretend insbesondere jenen ungezählten Ehepaaren danken, die durch ihre Mitarbeit zur Klärung vieler strittiger Punkte beigetragen und vor allem gezeigt haben, dass die Natürliche Empfängnisregelung in ihrer weiterentwickelten Form lebbar ist. Meinen besonderen Dank möchte ich auch jenen vielen Mitarbeiterinnen und Mitarbeitern aussprechen, die als ausgebildete Lehrkräfte das Wissen um die Natürliche Empfängnisregelung im persönlichen Gespräch oder im Kursunterricht weitergeben. So gelingt es immer mehr, ein Netz von Beratungsmöglichkeiten aufzubauen. Hinweise zum Beratungsdienst für Anfragen finden Sie auf den Seiten 141 ff.

Weiterführung des Lebenswerkes von Prof. Rötzer

Wir von INER Prof. Rötzer e. V. dürfen das Lebenswerk von Josef Rötzer in die Zukunft tragen. Die Wissenschaftlichkeit der sympto-thermalen Methode der Natürlichen Empfängnisregelung (NER) garantierte der Begründer der ersten echten sympto-thermalen Methode, Prof. Rötzer, selbst. Und in der Weiterführung des Institutes wird dieses wissenschaftliche Niveau durch das Direktorium und den medizinischen Beirat garantiert.

Schlussbemerkungen

Von unzähligen Frauen und Ehepaaren erhalten wir immer wieder die Nachricht, dass man die Natürliche Empfängnisregelung (NER) mit Hilfe dieses Buches im Selbstunterricht erlernen kann. Bei meinen vielen Vorträgen im In- und Ausland werde ich ständig angesprochen, wie hilfreich das Buch war, da man allein damit schon 10 Jahre und länger NER erfolgreich leben konnte.

Sicherlich geht das Kennenlernen des eigenen Zyklus schrittweise vor sich und erfordert einen gewissen Lernprozess. Die meisten Frauen sind nach wenigen Monaten mit dem Ablauf ihres Zyklus vertraut und können ihn gut auswerten.

Jede Frau sollte aber daran denken, dass sich ihre innere Sicherheit erhöht, wenn sie sich auf diesem Gebiet ständig fortbildet. Jüngere Frauen sollen daran denken, dass das Hineinwachsen in eine verfeinerte Selbstbeobachtung des Zervixschleims im Hinblick auf die einmal kommenden **Wechseljahre** von besonderer Bedeutung ist.

Wer durch eine Art Bewusstwerdung der verschiedenen Empfindungen des Zervixschleims so weit kommt, dass sich diese Körperwahrnehmung von selbst aufdrängt – und das berichten viele Frauen immer wieder –, kann sowohl mit einer eventuell auftretenden **Zyklusstörung** sachgerecht umgehen, als auch **die Zeit nach der Geburt eines Kindes und die Zyklen der Wechseljahre** bewältigen.

Das Erlernen der Natürlichen Empfängnisregelung (NER) und die fortlaufende Weiterbildung kann man mit dem Erwerb eines Führerscheins und der Fahrpraxis vergleichen. Wie viele Opfer an Zeit und Geld nehmen doch alle jene auf sich, die einen Führerschein haben wollen! Um die letzten Feinheiten der NER beherrschen zu können, braucht es nicht so viele Unterrichtsstunden wie zum Erwerb des Führerscheins. Jeder Führerscheinbesitzer weiß, dass dann noch die Fahrpraxis erworben werden muss. Ebenso soll man bei der NER die Auslegung der eigenen Aufzeichnungen immer wieder mit Musterbeispielen vergleichen. Es wird das im Verlaufe der Zeit zu einer Selbstverständlichkeit, die keine Mühe mehr macht – wie das Autofahren nach entsprechender Fahrpraxis.

Es ist immer wieder Anlass zu besonderer Freude, wenn die Nachricht eintrifft, dass bei einem Ehepaar nach jahrelangem vergeblichem Kinderwunsch die ersehnte Schwangerschaft eingetreten ist und ein gesundes Kind geboren wurde. Es wurde bereits auf Seite 67 erwähnt, dass der Prozentsatz an **Fehlgeburten** und an **Fehlbildungen der Neugeborenen** im eigenen Beratungsdienst geringer ist, als es dem Durchschnitt der Bevölkerung entspricht. Das ist das Ergebnis einer eigenen prospektiven Untersuchung mit dem Eintritt von 617 Schwangerschaften[33]. Bei 611 Schwangerschaften ist deren Ausgang bekannt, bei 6 Frauen kam unsere Anfrage zurück, weil die Adressaten verzogen waren. Dass man bei einer Untersuchung über mehr als **99 Prozent Beantwortungen** verfügen kann, ist wohl einmalig. Außerdem kam es **in keinem Fall zu einem Abbruch der Schwangerschaft**.

Alle Auflagen dieses Buches wurden aufgrund der einlangenden umfangreichen Korrespondenz immer wieder an besondere Wünsche angepasst. Für die vielen Anregungen möchte ich an dieser Stelle meinen besonderen Dank sagen, auch allen jenen, die sich die Mühe gemacht haben, das Manuskript durchzusehen.

Abschließend darf der Wunsch ausgesprochen werden, dass ein immer tieferes Eindringen in die NER eine Bereicherung Ihres Lebens sein möge, wie es zum Beispiel in Berichten bei Gertraud Stetter[41] und im Buch „Die Dynamik der Liebe"[7] zum Ausdruck kommt. **So soll dieses Buch „Natürliche Empfängnisregelung" bei Ihnen zu Hause immer zur Verfügung sein, damit Sie bei auftretenden Fragen sofort nachlesen können.** Auch sonst sollten Sie immer wieder einige Seiten darin lesen.

Josef Rötzer

Immer mehr Frauen und Mädchen entdecken die **Faszination und Schönheit der Vorgänge im weiblichen Zyklus**. Dieses Zykluswissen betrifft **alle Frauen weltweit** in ihrer fruchtbaren Lebensphase – und es stärkt ihre Selbstannahme als Frau. In ihrer Ehe wird das Paar unabhängig, es werden schädliche gesundheitliche Nebenwirkungen durch verschiedene Verhütungsmittel vermieden und volkswirtschaftliche Kosten verringert[38, S. 189 ff.], zugleich sinkt durch die Lebensweise der NER die Scheidungsrate[7].

Es war das Lebenswerk meines Vaters, das ich gemeinsam mit unserem Institut weiterführe. Es bleibt mein Ziel, dieses Wissen möglichst vielen Frauen und Männern zu vermitteln, und ich danke allen, die dabei mithelfen.

Elisabeth Rötzer

Anhang A

Zusammenfassung

1. Möglichkeiten der Natürlichen Empfängnisregelung (NER)

NER ermöglicht sowohl das Anstreben einer gewünschten Schwangerschaft als auch die Vermeidung der Empfängnis. Im Gegensatz dazu müssen die Methoden der Geburtenkontrolle (siehe ab Seite 106), soweit sie überhaupt reversibel sind, abgesetzt werden, wenn man schwanger werden will. Verantwortliche Natürliche Empfängnisregelung stellt sich der Frage, wann ein Kind verantwortet werden kann, beziehungsweise ob entsprechende Gründe für das Vermeiden der Empfängnis gegeben sind.

2. Bestimmung der fruchtbaren Tage mit Hilfe der Beobachtung des Zervixschleims (Zeichen S)

Die Zyklusphase mit der vermehrten Zervixschleimabsonderung gibt die fruchtbare Zeit direkt an. Bei sachgerechter Unterweisung kann es selbst nach Jahren eines vergeblichen Kinderwunsches noch gelingen, eine Schwangerschaft zu erzielen, wenn die Frau sich bemüht, die beste fruchtbare Zeit herauszufinden (kann manchmal nur ein Tag sein), und das Paar zu Beginn des Zyklus bis zum Eintreten der besten fruchtbaren Zeit auf den ehelichen Verkehr verzichtet (siehe auch Text zu **Tabelle 4**, insbesondere Seite 29, und das Kapitel „Kinderwunsch" ab Seite 100).

■ **Die beste fruchtbare Zeit liegt am letzten Tag des relativ besten Schleims (der relativ „besten Qualität") und knapp davor, aber auch noch einen Tag danach.**

Der letzte Tag des (noch relativ) besten Schleims in einem Zyklus wird als **Schleim-Höhepunkt** ● bezeichnet.

Für die Natürliche Empfängnisregelung (NER) ist es von grundlegender Bedeutung, die **„Zeichen der Fruchtbarkeit"** zu bestimmen (Text zu Tabelle 1.1 und 3). Diese können für manche Frauen in bestimmten Lebensabschnitten, zum Beispiel in der Stillzeit und in den Wechseljahren, die einzige Möglichkeit für eine gute Zyklusauswertung sein; beziehungsweise kann man sich bei entsprechender eigener Erfahrung in derartigen Situationen in besonderer Weise auf die Muttermunduntersuchung verlassen (ab Seite 82).

3. Erlernen der Natürlichen Empfängnisregelung (NER)

- Bei Kinderwunsch kann es einen Sinn machen, zunächst drei Zyklen lang nicht schwanger werden zu wollen, damit man den Ablauf des eigenen Zyklus kennenlernt. Dadurch kann man nach der Geburt des Kindes die eigenen Aufzeichnungen besser auslegen.

- Wenn für kürzere oder längere Zeit eine Schwangerschaft nicht verantwortet werden kann, ist die Einhaltung von bestimmten Regeln notwendig, damit eine Empfängnis nicht eintritt.

3.1 Unfruchtbare Tage zu Beginn des Zyklus

- Als **1. Tag** des Zyklus gilt der **1. Tag** einer echten Menstruation. Eine **echte Menstruation** liegt nur dann vor, wenn vor dieser Blutung eine Hochlage der Temperatur war (siehe Text zu **Tabelle** 7 ab Seite 34).

- Wenn ein Menstruationskalender oder eine Temperaturaufzeichnung von zumindest 12 Zyklen ergibt, dass der kürzeste Zyklus nicht kürzer als 26 Tage war, dann dürfen die ersten 6 Tage des Zyklus als unfruchtbar angenommen werden (siehe **Tabelle 2**, Seite 20 f.).

- Wenn kein Menstruationskalender und keine Temperaturaufzeichnungen vorliegen, sind die Anleitungen im Text zu **Tabelle 2** zu beachten (Seite 20 f.).

- Dann darf auch eine Anfängerin Unfruchtbarkeit **bis einschließlich 6. Tag** ◄ annehmen, aber nicht länger! Ab dem 7. Tag des Zyklus muss auf jeden Fall eine möglicherweise fruchtbare Zeit angenommen werden (siehe Text zu **Tabelle 2**, Seite 20 f.).

- Wenn vor einer eingetretenen Blutung keine Temperaturhochlage war, darf weder an dem Tagen der Blutung noch danach Unfruchtbarkeit angenommen werden (siehe **Tabelle 8.4**).

- Man möge sofort damit beginnen, sich mit den „Zeichen der Fruchtbarkeit" vertraut zu machen (Text zu **Tabelle 1.1 und 3**). Hinweis insbesondere für die Anfängerin: Finger nicht in die Scheide einführen, da das Innere der Scheide immer feucht ist und zu Missverständnissen in der Beobachtung und Beurteilung des Zervixschleims führt! Was man empfindet, kann wichtiger sein als das, was man sieht!

3.2 Zervixschleim und Temperaturauswertung

- Der **Schleim-Höhepunkt** ● ist der **letzte Tag** des **S** der besten Qualität in dem betreffenden Zyklus (nicht der Tag mit der größten Menge). Meist ist dies der **letzte Tag von S-EW, S-gl** oder **S-fl** (siehe Text zu **Tabelle 3,** Seite 22 ff.).

Es hat sich bewährt, das beobachtete **S** mit eigenen Worten ganz unten in der Tabelle zu beschreiben. Dabei lässt sich der Übergang vom letzten Tag der „besten Qualität" zu einer „weniger guten Qualität" besonders gut erfassen.

■ Wenn in einem Zyklus **S** der beschriebenen „besten Qualität" nicht zur Beobachtung kommt, ist der letzte Tag des beobachteten **S** der „weniger guten Qualität" der **Höhepunkt** ●.

3.3 Beginn der unfruchtbaren Zeit nach den „höheren Messungen"

■ Sichere Unfruchtbarkeit liegt ab dem Abend dann vor, sobald die Temperaturkurve 3 „höhere" Messungen aufweist, die
  – alle 3 **nach dem Höhepunkt** ● liegen
  – alle 3 **höher sind als die 6 Messungen der Tieflage** vor dem Anstieg der Temperatur und
  – bei denen **die 3.** „höhere" Messung zumindest 0,2 °C höher ist als die höchste der 6 Messungen auf der Tieflage. **Mögliche Sonderfälle sind bei den Tabellen 5, 8.1, 8.2, 8.3 und 9 beschrieben.**

■ **Jede Frau sollte ihre „übliche Temperaturhochlage" wissen (Seite 40).** Wenn 3 oder 4 höhere Messungen auftreten sollten, die nicht auf der „üblichen Hochlage" sind, soll weiter gemessen werden (siehe Stillzeit Seite 74, Wechseljahre Seite 77).

4. Unbedingtes Vermeiden einer Schwangerschaft

■ Wer eine Schwangerschaft unbedingt vermeiden muss, darf in der gesamten Zeit, die als möglicherweise fruchtbar anzusehen ist, keinen sexuellen Kontakt irgendwelcher Art haben (siehe Text zu **Tabelle 12**, Seite 63 und das Kapitel **„Anmerkungen zu Verlässlichkeit und Terminologie",** wo das **unbedingte Vermeiden einer Schwangerschaft genau beschrieben ist,** ab Seite 104). Selbst Petting kann zu Schwangerschaft führen.

▶ Es ist nicht schwierig, mit der Natürlichen Empfängnisregelung (NER) selbst dann zu beginnen, wenn eine Empfängnis vermieden werden muss. Es müssen nur die Regeln eingehalten werden!

5. Fragen zur Messung der Aufwachtemperatur

Diese Fragen sollen Sie auf Umstände hinweisen, welche die Messwerte verfälschen können. Selbst wenn in einem Zyklus derartige störende Faktoren an mehreren Tagen auftreten sollten, ist eine Auswertung der Temperaturkurve mit Hilfe des Zeichens **S** fast immer möglich.

■ Habe ich die Aufwachtemperatur sofort nach dem Aufwachen gemessen? War es die erste Handlung nach dem Aufwachen?

■ Habe ich die Messzeiten eingetragen, wenn die Uhrzeit des Messens von einem Tag zum anderen um mehr als 1 ½ Stunden verschieden war? Oder wenn die Messzeit nach 7.30 Uhr lag?

■ Habe ich stets dasselbe Thermometer verwendet und habe ich stets dieselbe Art der Messung angewendet? (immer rektal, oder immer vaginal, oder immer oral?) Bei der oralen Messung sind die Anweisungen (Seite 19 P. 5 c) über den Ort des Einführens des Thermometers zu beachten.

■ Habe ich ein elektrisches Thermometer verwendet (Digitalanzeige)? Diese können nach den bisherigen Erfahrungen infolge ihrer zu großen Messtoleranz schlechtere Messergebnisse aufweisen. Eine Messgenauigkeit von ± 0,1 °C und mehr laut Beipacktext kann bei flacheren Temperaturverläufen unzureichend sein. Ein Versuch kann dies klären.

■ Habe ich in der Tabelle alle Ereignisse eingetragen, die unter Umständen die Temperaturwerte verfälschen können (sogenannte „Störfaktoren")? Zum Beispiel:
  – zu spät ins Bett gekommen? – stark verkürzte Nachtruhe?
  – vermehrter Alkoholgenuss insbesondere spät am Abend oder in der Nacht?

■ Habe ich in der Tabelle alle Ereignisse eingetragen, die unter Umständen die Temperaturwerte verfälschen oder den Ovulationstermin verschieben können? („Störfaktoren" siehe Tabelle 11)
  – Überlastung? Stress?
  – (große) Aufregungen (zum Beispiel Todesfall)?
  – Erkrankungen? selbst leichtester Art?
  – Medikamente (nach Möglichkeit unter Angabe ihres Namens und der Menge)?
  – Kuraufenthalt? – Klimaänderung? – Höhenunterschied?
  – Reisen? (Flugreise: Zeitverschiebung?)

■ Alle diese Eintragungen sind nicht nur für die **Anfängerin** wichtig. Dadurch ◀ kann jede Frau Erfahrungen sammeln, wie ihre Temperaturwerte und der gesamte Zyklusverlauf auf verschiedene Ereignisse reagieren. So kann zum Beispiel bei der einen Frau oftmaliges Aufstehen in der Nacht überhaupt keinen Einfluss auf den Messwert haben, während sich bei einer anderen dadurch eine Änderung ergibt. So zeigt sich auch hier, dass die konkreten persönlichen Erfahrungen, wie eine bestimmte Frau auf „Störfaktoren" reagiert, sehr wichtig sind.

Anhang B

Welchen Einfluss können die Bekleidung und die Art der Intimhygiene auf die Beobachtbarkeit des Zervixschleims (Zeichen S) haben?

(Zusammengestellt auf Grund der Mitarbeit von einigen hundert Frauen, die bereit waren, entsprechende Fragebögen auszufüllen, und die in vielen Gruppengesprächen über ihre Erfahrungen berichteten.)

Was bedeutet ein ständiger „Ausfluss"?

Ein ständiger „Ausfluss" kann nicht nur die verfeinerte Beobachtung des **S** unmöglich machen, er kann auch Ausdruck einer Infektion der Scheide sein. Dabei kommt es im Inneren der Scheide zu einer Milieuveränderung, die nicht mehr ganz dem gesunden Scheidenmilieu entspricht.

Massive Scheideninfektionen müssen selbstverständlich behandelt werden, wobei in den meisten Fällen auch eine Behandlung des Ehepartners notwendig ist. Wenn dies nicht geschieht, kann die Frau nach Abschluss der Behandlung vom Partner immer wieder neu angesteckt werden („Ping-Pong-Infektion").

Viele Ausflussformen können aber zum Verschwinden gebracht werden, wenn man die nachstehenden Hinweise beachtet. In welchem Ausmaß die Einhaltung dieser Hinweise notwendig ist, wird von Frau zu Frau verschieden sein. Eine Frau ohne „Ausfluss" braucht natürlich untenstehende Hinweise nicht zu beachten.

Was kann einen „Ausfluss" begünstigen?

1. **Unterwäsche aus Kunstfaser.** Bewährt haben sich Slips aus Baumwolle.
2. **Der ständige Gebrauch von Binden oder Slip-Einlagen** (ist oft anzutreffen, weil man einen „lästigen Ausfluss" hat; gerade das führt zu einem Teufelskreis). Binden oder Slip-Einlagen verschließen den Scheidenausgang, wodurch es zu einem Wärmestau („Treibhausklima") kommt. Dieser begünstigt das Wachstum jener Bakterien, die sich ungünstig auf das Scheidenmilieu auswirken und einen „Ausfluss" hervorrufen können. Diese Erfahrung konnten wir in unserem Beratungsdienst sehr oft machen.

Statt des ständigen Gebrauchs von Slip-Einlagen haben sich Slips aus Baumwolle bestens bewährt, die man auch täglich mehrmals wechseln kann. Dies ist auch in der Schwangerschaft von Vorteil, sollte „Ausfluss" auftreten. Damit kann man auch einer Pilzinfektion vorbeugen. Auf keinen Fall sollten

Vaginaltampons wegen „Ausfluss" verwendet werden, da diese durch ihre starke Saugkraft auch das sich selbst reinigende Scheidenmilieu aufsaugen.

3. **Das Tragen von engen Hosen, die im Schritt einschneiden und den Scheidenausgang zupressen.** Luftigen Kleidern oder Röcken ist da der Vorzug zu geben! (Dazu ein Ausspruch einer jungen Frauenärztin: „Eine Renaissance weit schwingender Röcke wäre vom gynäkologischen Standpunkt aus nur zu begrüßen.")

4. **Gebrauch von Vaginaltampons zur Menstruationshygiene.** Durch das Einführen von Tampons wird Luft in die Scheide eingebracht, wodurch das Scheidenmilieu verändert wird. Das kann das Wachstum von Keimen begünstigen und so einen „Ausfluss" hervorrufen. Außerdem können Tampons zu ganz kleinen wunden Stellen in der Scheidenwand führen, die an sich vielleicht harmlos sind, doch auch zu einer Änderung der Bakterienbesiedlung führen können. Diese kleinsten Verletzungen können zudem zur Eintrittspforte für ansteckende Krankheiten werden. Falls auf Vaginaltampons nicht ganz verzichtet werden kann, soll man zumindest an den Tagen einer schwächeren Blutung keine Tampons verwenden. Die Saugwirkung von Tampons ist so groß, dass sie bei nur geringer Blutung alle restliche Flüssigkeit von der Scheidenwand aufsaugen. In der Scheidenwand leben Bakterien, die Milchsäure bilden und dadurch – durch die Aufrechterhaltung eines sauren Milieus – für die Reinigung der Scheide sorgen. Diese Bakterien können aber bei geringer Blutung durch die Saugwirkung des Tampons entfernt werden. Dadurch können alle möglichen anderen ungünstigen Keime die Oberhand gewinnen und „Ausfluss" verursachen, bis hin zu einer Pilzinfektion.

Was kann eine Pilzinfektion noch begünstigen? Eine Pilzinfektion kann auch durch die Einnahme der „Pille" oder durch Antibiotika – die nicht bei jeder fieberhaften Erkrankung notwendig sind – begünstigt werden.

5. **Verwendung von Seife im Intimbereich.** Für die tägliche äußerliche Reinigung des Intimbereichs genügt reines Wasser! Wenn erwünscht, kann eine milde, pH-neutrale Seife verwendet werden. Jedoch darf Seife nicht ins Innere der Scheide gelangen, da sich das wieder nachteilig auf das sich selbstreinigende Scheidenmilieu auswirkt.

Von parfümierten Seifen, Lotionen, Intimsprays sowie Scheidenspülungen, schäumenden Badezusätzen und von der Verwendung von Weichspülern für die Unterwäsche muss abgeraten werden, wenn ein „Ausfluss" vermieden werden soll.

6. **Falsche Reinigung nach dem Stuhlgang.** Um zu verhindern, dass Bakterien vom Darm in die Scheide gelangen, muss die Reinigung des Afters von vorne nach hinten erfolgen. Um die Harnröhrenöffnung und den Scheidenausgang zu reinigen, genügt ein leichtes Abtupfen und Wischen von vorne nach hinten – auch um den Zervixschleim zu gewinnen! Für eine möglichst gute Beobachtung des Zeichens **S** bewährt sich ein farbloses, nicht sehr saugfähiges Toilettenpapier.

Zusammenfassung:
Änderungen in der Bekleidung und der Intimhygiene genügen oft, um den lästigen „Ausfluss" zum Verschwinden zu bringen. Das hat die weitere günstige Auswirkung, dass der Zervixschleim besser beobachtbar wird, und jene ersten Veränderungen im Inneren der Scheide verspürt werden können – die Wahrnehmung von **f** (siehe Tabelle 1.1) kann dann möglich werden.

Ausreichend Schlaf, genügend Erholungszeit, ein geregelter Tagesablauf und eine gesunde Ernährung sorgen dafür, dass ein „nervöser Ausfluss" durch Überlastung jeglicher Art (seelischer oder körperlicher Stress, belastende Berufsausbildung, Studium ...) behoben werden kann.

Anhang C

Abkürzungen und Symbole verschiedener Beobachtungen

t   „trocken" (siehe **Tabelle 1.1**)

Ø   „nichts gespürt, nichts gesehen" (siehe **Tabelle 1.1**).

f   Empfindung **im Inneren der Scheide** (siehe **Tabelle 1.1**).
   Diese Empfindung kann so stark werden, dass manche Frauen ganz unten quer hineinschreiben: „es rinnt", „es fließt"; beim **sofortigen Nachsehen** ist jedoch nichts am Papier zu sehen („äußerlich trocken"). Frauen berichten, dass man zum Erlernen dieser verfeinerten Beobachtung („Feinbeobachtung") die Anleitung von **Anhang B** genau beachten soll.

S   Schleim (Zervixschleim), noch nicht näher bezeichnet, soll jedoch zum Ausdruck bringen, dass es noch nicht **S** der „besten Qualität" ist (was „beste Qualität" meint, siehe Text zu **Tabelle 3** ab Seite 22). Für Frauen, die nie ein **S** der „besten Qualität" beobachten können, zeigt ihr festgestelltes **S** ihre persönliche beste fruchtbare Zeit an.

Bei einem derartigen **S** kann oberhalb des Großbuchstabens **S** eine erklärende Abkürzung mit Kleinbuchstaben angegeben werden:

w   „weißlich", meist dicklich, trüb, kann etwas klebrig sein, oder auch zäh

mi   „milchig"

cr   „cremig"

kl   „klumpig", kann zäh sein

gbl   „gelblich", mehr dünnflüssig, kann sich dem Aussehen **S** der mehr fruchtbaren Zeit annähern.

g   deutlich „gelb" und meist klumpig

Eine Beschreibung mit eigenen Worten im untersten Bereich der Tabelle kann zusätzliche Hinweise geben und erleichtert die Auswertung (siehe Text zu Tabelle 3). Für eine Frau, die ein **S** der „besten Qualität" (das bei anderen Frauen die besonders fruchtbare Zeit anzeigt) nicht beobachten kann, ist der letzte Tag ihres persönlichen **S** der Schleim-**Höhepunkt** •.

Für **S** der „besten Qualität" (**S** der besonders fruchtbaren Zeit) haben sich folgende Zeichen bewährt, **die auf jeden Fall oberhalb von S einzutragen sind:**

EW sieht aus wie „Eiweiß **des rohen Eies**" („wie Eiklar", „ausziehbar", „dehnbar") = „fadenziehend", „spinnbar", kann mehr oder weniger durchscheinend sein (siehe Text zu **Tabelle 3**, Seite 25 ff.).

gl „glasig", dehnbar (ausziehbar) und glasklar durchsichtig.

fl „flüssig", das **S** der besonders fruchtbaren Zeit kann derart dünnflüssig werden, dass es wegrinnt wie Wasser.
Manche Frauen machen dann die Eintragung **„wie Wasserfall"**. Dann kann es geschehen, dass kein Schleim am Papier zu sehen ist. Man empfindet aber entweder „nass" oder „nass und schlüpfrig", „glitschig". Bei dieser Dünnflüssigkeit des **S** ist das, was man spürt, wichtiger als das, was man sehen kann. Diese Empfindungen der besten fruchtbaren Zeit sind am Scheideneingang wahrzunehmen. Im Unterschied dazu wird das oben beschriebene **f** im Inneren der Scheide wahrgenommen.

ns „nass und schlüpfrig" ist eine derartige empfindungsmäßige Beschreibung der besten fruchtbaren Zeit (**„beste Qualität"**).

Weitere Empfindungen der fruchtbaren Zeit können zum Beispiel sein: „weich", „glatt", „wie angeschwollen", „rutschig", „glitschig".
In den Wechseljahren kann die Empfindung **f** der einzige Hinweis auf mögliche Fruchtbarkeit sein.

Wichtige Wiederholung:
Diese Empfindungen können die besonders fruchtbare Zeit angeben, selbst wenn nichts zu sehen ist! Dann sind diese Empfindungen gleichwertig den Zeichen S der besten fruchtbaren Zeit.

Der letzte Tag des **S** der „besten Qualität" oder der entsprechenden Empfindung ist der **Höhepunkt** ●. Dieser wird mit einem dicken Punkt oberhalb des Zeichens für das betreffende **S** oder der Empfindung angegeben.

● = **Höhepunkt**

Andere Zeichen:

M „Mittelschmerz" (siehe Text zu **Tabelle 4**).

B „Brustsymptom" (siehe Text zu **Tabelle 14**).

Spezielle Literaturhinweise

Das vorliegende Buch ist 1965 als Methodenanleitung zur praktischen Anwendung der Natürlichen Empfängnisregelung (NER) für den Selbstunterricht unter dem Titel „Kinderzahl und Liebesehe" im Verlag Herder Wien erschienen. Davon gab es 9 Auflagen. Seit der Umgestaltung im Jahr 1979 erschienen weitere 39 Auflagen, sodass dieses Buch inzwischen auf insgesamt **48 Auflagen** verweisen kann. Das Buch liegt in **17 Übersetzungen und in einer Sonderausgabe** vor: albanisch, arabisch, englisch, französisch, georgisch, holländisch, italienisch, japanisch, kroatisch, polnisch, portugiesisch (Manuskript), rumänisch, russisch, spanisch, tschechisch, türkisch (Manuskript), ungarisch, **Sonderausgabe** für Gongola State Nigeria by Mrs. Adelheid Kleih. Nähere Angaben erhalten Sie bei den INER-Landesstellen oder im Internet unter www.iner.org – siehe Seite 141.

Rötzer Josef/Elisabeth Rötzer, „**Die Frau und ihr persönlicher Zyklus – Von der Vorpubertät bis in die Wechseljahre**", 3. neu bearbeitete Auflage 2014, www.ehefamiliebuch.at, ISBN 978-3-902336-01-9:
In diesem Buch wird Ihnen eine Vertiefung der verschiedenen Themenbereiche der NER geboten. Es befasst sich mit der Bedeutung von Zyklusaufzeichnungen im Allgemeinen, für die Frau ganz persönlich, und in der Medizin zur Erstellung von Diagnosen und Therapien. Viele Frauen haben für dieses Buch ihre Aufzeichnungen zur Verfügung gestellt. Dieses Buch ist in besonderer Weise auch für Ärztinnen und Ärzte gedacht zum besseren Verstehen des Zyklusgeschehens der Frau. Herausgestellt wird in diesem Buch auch die Bedeutung der Zyklusbeobachtung durch die Frau für die Gesundheitsvorsorge und für das Einsparen von Kosten.

Maria Eisl/Andreas Laun (Hrsg.), „**Die Dynamik der Liebe – Signifikante Senkung der Scheidungsrate durch die Lebensweise der Natürlichen Empfängnisregelung**", 4. neu bearbeitete Auflage 2020, www.ehefamiliebuch.at, ISBN 978-3-902336-02-6:
In diesem Buch werden unter anderem Überlegungen darüber angestellt, warum bei Ehepaaren, die NER leben, die Scheidungsrate sehr niedrig ist, und Sie finden Zeugnisse von Ehepaaren, die diesen Weg der NER leben. Eine gelungene Mischung aus Wissen und Praxis.

Elisabeth Rötzer (Hrsg.), „**Ein Arzt in der Verantwortung vor Gott: Josef Franz Rötzer**", 1. Auflage 2020, www.ehefamiliebuch.at, ISBN 978-3-902336-18-7: Inhalt dieses Buches ist die Biografie von Josef Rötzer, sein Lebenswerk „Natürliche Empfängnisregelung", und wie Persönlichkeiten ihn und sein Werk sehen. Dazu kommen ausgewählte Texte und Vorträge von Josef Rötzer mit jeweils umfassendem Literaturverzeichnis, die Vorstellung des Institutes Rötzer und persönliche Zeugnisse.

Literaturverzeichnis

1. **Billings**, J. J.: The Ovulation Method. The Advocate Press, Melbourne 1964.
2. **Billings**, J. J.: Discussion. Proceedings of a Research Conference on Natural Family Planning, at Airlie House, Warrenton, Virginia, Jan 23-26, 1972, p. 165. Ed. by W. A. Uricchio, Mary Kay Williams, The Human Life Foundation, Washington, D. C., 1973. – Seit 1973 sind mehrere Auflagen des „Atlas of the Ovulation Method" erschienen, verfasst von Evelyn L. Billings, John J. Billings und Maurice Catarinich, Advocate Press, Melbourne.
3. **Buxton**, C. L.; E. T. Engle: Time of Ovulation. A Correlation Between Basal Temperature, the Appearance of the Endometrium, and the Appearance of the Ovary. Amer. J. Obstet. Gynec. 60 (1950) 539-551.
4. **Döring**, G. K.: Ein Beitrag zur Frage der periodischen Fruchtbarkeit der Frau auf Grund von Erfahrungen der Zyklusanalyse mit Hilfe der Temperaturmessung. Geburtsh. Frauenheilk. 10 (1950) 515-521.
5. **Döring**, G. K.: Die Bestimmung der fruchtbaren und unfruchtbaren Tage der Frau mit Hilfe der Körpertemperatur. Thieme, Stuttgart 1954. – Die Temperaturmethode zur Empfängnisverhütung, 8. überarbeitete Auflage, Thieme, Stuttgart 1982.
6. **Döring**, G. K.: Empfängnisverhütung. Ein Leitfaden für Ärzte und Studenten, 12. überarbeitete Auflage, Thieme, Stuttgart 1990.
7. **Eisl**, M.; Laun, A. (Hrsg.): Die Dynamik der Liebe – Signifikante Senkung der Scheidungsrate durch die Lebensweise der Natürlichen Empfängnisregelung. 4. neu bearbeitete Auflage 2020, Verlag ehefamiliebuch, Jeging.
8. **Frank**, P.; Raith, E.: Natürliche Familienplanung. Physiologische Grundlagen, Methodenvergleich, Wirksamkeit. Eine Einführung für Ärzte und Berater. SpringerVerlag, Berlin-Heidelberg 1985. Dasselbe Werk als 2., völlig überarbeitete und erweiterte Auflage: **Raith**, E.; Frank, P.; Freundl, G.: Natürliche Familienplanung heute. SpringerVerlag Berlin-Heidelberg 1994; derzeit 5. Auflage 2012.
9. **Hillebrand**, A. (Schwester von Pfarrer W. Hillebrand): Korrespondenz: Persönliche Mitteilung.
10. **Hillebrand**, H.: Zwischen ärztlicher und seelsorglicher Ehehilfe. Matthias-Grünewald, Mainz 1962.

11. **Holt**, J. G. H.: Geburtenregelung auf biologischem Wege. Der Zusammenhang zwischen Fruchtbarkeit und Körpertemperatur der Frau. Franz Deuticke, Wien 1959 (Original in Holländisch: Het getij. Het verband tussen vruchtbaarheid en temperatuur bij de vrouw. Dekker & van de Vegt, Utrecht, Nijmegen 1957).

12. **Indago**, W.; **Egenter**, R.: Liebe in Gewissensnot. Werkbund-Verlag, Würzburg 1952, 6. überarbeitete Auflage 1964 (Indago ist das Pseudonym für August Wilhelm von Eiff).

13. Interessengemeinschaft für Natürliche Familienplanung Schweiz/Fürstentum Liechtenstein. NFP-Bulletin 4. Jg., Nr. 10, Mai 1988, S. 15-17.

14. **Keefe**, E. F.: A practical openscale thermometer for timing human ovulation. N.Y. J. Med. 49 (1949) 2554-2555.

15. **Keefe**, E. F.: Self-observation of the Cervix to Distinguish Days of Possible Fertility. Bull. Sloana Hosp. Wom. 8 (1962) 129-136.

16. **Kippley**, J. und S.: The Art of Natural Family Planning. Couple to Couple League, P.O. Box 111184, Cincinnati, Ohio 45211, U.S.A., 1975 (3rd ed. 1987).

17. **Knaus**, H.: Ueber den Zeitpunkt der Konzeptionsfähigkeit des Weibes im Intermenstruum. Münchn. med. Wschr. 76 (1929) 1157-1160.

18. **Knaus**, H.: Die periodische Frucht- und Unfruchtbarkeit des Weibes. Zbl. Gynäk. 57 (1933) 1393-1408.

19. **Knaus**, H.: Die Physiologie der Zeugung des Menschen. 4. Auflage, Wilhelm Maudrich, Wien 1953.

20. **Meier-Vismara**, E. und U.: Glückliche Familie. Verantwortete Sexualität – Verantwortete Elternschaft („Billings-Methode"). Hrsg. von Christof Casetti. Verlag Wort und Werk, D-4054 Nettetal 1984.

21. „Natürlich und sicher", Natürliche Familienplanung – Ein Leitfaden. Arbeitsgruppe NFP Bonn, Ehrenwirth Verlag, München 1987, derzeit 18. Auflage mit dem Titel: Natürliche Familienplanung – Das Praxisbuch, TRIAS.

22. „Natürlich und sicher", Natürliche Familienplanung Arbeitsheft. Arbeitsgruppe NFP Bonn, Ehrenwirth Verlag, München 1988; derzeit 8. Auflage, TRIAS.

23. **Nofziger**, M.: Natürliche Geburtenkontrolle, eine kooperative Methode. 3. Auflage 1980, Irisiana Verlag, Haldenwang (Amerikanisches Original: A Cooperative Method of Natural Birth Control. The Book Publishing Company, Summertown, Tennessee 38483, U.S.A. 1976).

24. **Ober**, K. G.: Dr. med. h. c. Wilhelm Hillebrand. Geburtsh. Frauenheilk. 20 (1960) 188-192.

25. **Ogino**, K.: Ovulationstermin und Konzeptionstermin. Zbl. Gynäk. 54 (1930) 464-479.

26. **Ogino**, K.: Über den Konzeptionstermin des Weibes und seine Anwendung in der Praxis. Zbl. Gynäk. 56 (1932) 721-732.

27. **Rötzer**, J.: Kinderzahl und Liebesehe. Ein Leitfaden zur Regelung der Empfängnis. Herder, Wien 1965.

28. **Rötzer**, J.: Erweiterte Basaltemperaturmessung und Empfängnisregelung. Arch. Gynäk. 206 (1968) 195-214.

29. **Rötzer**, J.: Verantwortete Elternschaft. Warum sollte die Zeitwahl problematisch sein? Die Neue Ordnung 32 (1978) 1-15.

30. **Roetzer**, J.: The Sympto-Thermal Method: Ten Years of Change. Linacre Quarterly 45 (1978) 358-374.

31. **Rötzer**, J.: Die sympto-thermalen Methoden der Natürlichen Empfängnisregelung. In: Familienplanung 1981. Hrsg. von Janisch, H. und Heck, A., S. 71-83. Facultas-Verlag, Wien 1982.

32. **Roetzer**, J.: A Prospective Sympto-Thermal Trial in Austria, Germany and Switzerland. Presentation III International Congress IFFLP/FIDAF Hong Kong, Nov. 20-30, 1983.

33. **Roetzer**, J.: Natural Family Planning und Pregnancy Outcome. International Journal of Fertility, Supplement, pp. 40-42, Published May 1988.

34. **Rötzer**, J.: Natürliche Geburtenregelung. Der partnerschaftliche Weg. 1. Auflage 1979, 13. überarbeitete und erweiterte Auflage 1985, neuer Titel seit 18./19. Auflage 1989: Natürliche Empfängnisregelung. Herder, Wien-Freiburg-Basel.

35. **Rötzer**, J.: La regolazione naturale della fertilità. Cortina, Verona seconda edizione 1995.

36. **Roetzer**, J.: Family Planning the Natural Way. Fleming H. Revell, New Jersey, U.S.A. 1981. Neue Übersetzung "Natural Conception Regulation – the Way of Partnership". 1. Auflage 2012.

37. **Rötzer**, J.: La régulation naturelle des naissances. Médiaspaul, Paris 1987. Neue Übersetzung „L'art de vivre sa fertilité", 2. erweiterte Auflage 2012.

38. **Rötzer**, J. und E.: Die Frau und ihr persönlicher Zyklus. Von der Vorpubertät bis in die Wechseljahre. 3. neu bearbeitete Auflage 2014, Verlag ehefamiliebuch, Jeging.

39. **Rötzer**, E. (Hrsg.): Ein Arzt in der Verantwortung vor Gott: Josef Franz Rötzer. 1. Auflage 2020, Verlag ehefamiliebuch, Jeging.

40. **Spieler**, J.; Thomas S.: Demographie aspects of natural family planning. Int. J. Gynecol. Obstet., 1989, Suppl. 1: 133-144.

41. **Stetter**, G.: Wachset und mehret euch. Verantwortete Sexualität. Begleitende Materialien zur ZDF-Sendung „Kontakte – Magazin für Lebensfragen". Verlag Butzon & Bercker, Kevelaer 1980.

42. **Thyma**, P.: Fertile and Infertile Days in Married Life. Author's Edition (Jan Mucharski), Fall River, Massachusetts, U.S.A. 1973.

43. **Thyma**, P.: The Double Check Method of Natural Family Planning. Married Life Information, Fall River MA, U. S. A. 1976.

44. **Unseld**, M.; Rötzer, E.; Weigl, R. et al.: Use of Natural Family Planning (NFP) and Its Effect on Couple Relationships and Sexual Satisfaction: A Multi-Country Survey of NFP Users from US and Europe. 2017; Front. Public Health 5:42. doi: 10.3389/fpubh.2017.00042.

45. **Vollmann**, R. F.: Fruchtbarkeit und Temperaturkurve der Frau. Kyklos, Zürich 1947.

46. **Vollmann**, R. F.: The Menstrual Cycle. Vol. 7. Major Problems in Obstetrics and Gynecology. W. B. Saunders Company, Philadelphia-London-Toronto 1977.

47. **WORLD HEALTH ORGANIZATION**: A Prospective Multicentre Trial of The Ovulation Method of Natural Family Planning. I. The Teaching Phase. Fertility and Sterility 36 (1981) 152-158 (in Entwicklungsländern sind bis zu 99,5% der Frauen imstande, den Zervixschleim wahrzunehmen, in westlich zivilisierten Ländern – zum damaligen Zeitpunkt der Untersuchung – bis zu 97,4% der Frauen).

48. **Wulf**, K.-H.; Schmidt-Matthiesen, H.: Klinik der Frauenheilkunde und Geburtshilfe, Handbuch in 12 Bänden, Band 2 („Sexualmedizin, Infertilität, Familienplanung"), Verlag Urban & Schwarzenberg, München 1989.

49. **Ziegler**, J. G.: Verantwortete Elternschaft. Eine zeit- und theologiegeschichtliche Orientierung zur Natürlichen Familienplanung (NFP). Republica-Verlag, Franz Schmitt, Postfach 1831, Siegburg 1990.

Für Ihre Notizen

Für Ihre Notizen

Personen- und Sachverzeichnis

Beratungsdienst für Anfragen zur Natürlichen Empfängnisregelung Rötzer (NER)

Anfragen und Zyklusbeobachtungen senden Sie an:

- Elisabeth Rötzer
  A-4840 Vöcklabruck, Vorstadt 6. Tel.: + 43 7672 - 23364
  E-Mail: e.roetzer@asak.at oder elisabeth.roetzer@iner.org

Im Februar 1986 wurde das Institut für Natürliche Empfängnisregelung Dr. Rötzer gegründet – INER Prof. Dr. med. Josef Rötzer e. V. Von unserem Institut erhalten Sie nicht nur Informationsmaterial, sondern auch Auskünfte über Kurse über die Natürliche Empfängnisregelung (NER), die ständig angeboten werden. Sie können auch eine Intensiv-Ausbildung zur weiteren persönlichen Vertiefung oder als Multiplikator anstreben, die so weit gehen kann, dass Sie das Wissen um die Natürliche Empfängnisregelung Rötzer (NER) im kleinen Kreis oder im Kursunterricht weitergeben können. Diese Ausbildung schließt mit dem Erwerb eines Zertifikates ab.
Im Internet unter **www.iner.org** finden Sie auch die jeweils aktuellen Kurslisten über NER sowie sonstige Informationen und Tabellen.

INER-Ansprechpartner für die verschiedenen Länder sind:

- INER in Deutschland:
  Jörg und Evelyn Hartmann
  D-01900 Großröhrsdorf, Lange Straße 27, Tel.: + 49 35952 - 56663
  E-Mail: evelyn.hartmann@iner.org und joerg.hartmann@iner.org

- INER in der Schweiz und Fürstentum Liechtenstein:
  Walter und Kati Gabathuler
  CH-9400 Rorschach, Mühletobelstrasse 63a, Tel.: + 41 71- 8555503
  E-Mail: kati.gabathuler@iner.org und walter.gabathuler@iner.org

- INER in Südtirol:
  Margreth und Hans Lanz,
  E-Mail: johann.lanz@iner.org
  Maria Theresia und Dominik Bernhard,
  E-Mail: dm2515@hotmail.com

Kontakte zu INER-Zweiginstitute finden Sie im Internet unter:

- INER Italia: www.ineritalia.org
- INER Georgien: www.familyservice.ge
- INER Polen: www.iner.pl

INER App

Mit dem Aufkommen der Smartphones und den vielen zum Teil fragwürdigen „Zyklus-Apps" wurde die Forderung nach einem von INER akzeptierten Programm immer öfter gestellt. Da INER-Polen bereits eine sehr gute App in Polnisch entwickelt hatte, war es naheliegend, diese Applikation generell für INER zu übernehmen und als „empfehlenswert" zu erklären. Die App macht keinerlei automatische Auswertungen. Wie auf Papier erfolgt die Auswertung durch Frau oder Mann mittels der zur Verfügung gestellten Werkzeuge. Großer zusätzlicher Vorteil: Die Aufzeichnungen können für Schulungswecke mit einer Beraterin, einem Berater geteilt werden. Dank Mithilfe unserer Mitarbeitenden wurde das Programm ins Englische, Französische und Deutsche übersetzt und seit 2016 übers Internet angeboten. (www.inercycle.org)

INER Mitgliedschaft

Wenn Sie bei der Verbreitung der Natürlichen Empfängnisregelung (NER) mitarbeiten oder diese zumindest fördern möchten, sind Sie eingeladen, INER als Mitglied beizutreten. Sie können uns bereits ganz wesentlich helfen, wenn Sie förderndes Mitglied werden, ohne zu irgendeinem aktiven Einsatz verpflichtet zu sein. Die Mitgliedschaft ist unabhängig vom Alter oder vom jeweiligen persönlichen Stand. Wenden Sie sich bitte an Ihre jeweilige Landesstelle. Als Mitglied erhalten Sie überdies laufende Informationen.

Im gesamten deutschen Sprachraum (Deutschland, Österreich, Schweiz, Südtirol) besteht ein Netz von Kontaktadressen für Einzelanfragen sowie ausgebildeten Multiplikatoren, die auch Schulungskurse halten können. Wenn Sie Interesse an der Vermittlung derartiger Adressen haben, an die Sie sich auch persönlich wenden können, schreiben Sie ebenfalls an Elisabeth Rötzer.

Wenn Sie eine Anfrage an Elisabeth Rötzer richten, füllen Sie nach Möglichkeit auch den nebenstehenden Fragebogen aus und legen ihn bei. Die anschließend abgedruckten Tabellen sollen Sie anregen, mit Aufzeichnungen zu beginnen.

INER Broschüren können über unsere Landesstellen kostenlos bezogen werden:

- „Kurzinformation für Ärztinnen und Ärzte. Die sympto-thermale Methode. Eine wissenschaftlich begründete Form der Empfängnisregelung", verantwortlich für den Inhalt: Ärztinnenteam des Arbeitskreises NER, Vorarlberg
- „Liebe auf neue Art entdecken. Gedanken zur Natürlichen Empfängnisregelung", Kati und Walter Gabathuler
- „Dem Geheimnis des Zyklus auf der Spur", Kati und Walter Gabathuler
- „Ganz Mann sein – Natürliche Empfängnisregelung aus der Sicht des Mannes", Hubert Weißenbach; „Ganz Frau Sein", Margret Weißenbach

Prof. Dr. Med. Josef Rötzer

Natürliche Empfängnisregelung – Herder, Freiburg 2021

Fragebogen

Name: _____   Geburtsdatum: _____

Name des Ehemannes: _____   Geburtsdatum: _____

Geburtsdaten und Vornamen der Kinder:

Wurde bereits anlässlich der Geburt bei einem Kind irgendeine krankhafte Veränderung oder eine besondere Auffälligkeit festgestellt?: _____

Zeigte sich in der weiteren Folge bei einem Kind irgendeine Auffälligkeit oder krankhafte Veränderung, die angeboren sein könnte?: _____

Fehlgeburten (bitte auch das jeweilige Datum angeben): _____

Wann war Ihre erste Blutung (Menarche)?

I. FRAGEN ZUR SELBSTBEOBACHTUNG DES ZEICHENS S

(wenn der Platz für die Antworten nicht ausreicht, dann verwenden Sie bitte hierfür ein eigenes Blatt)

Können Sie an einem oder an einigen Tagen das Zeichen S in Form eines glasig-durchscheinenden Schleimes von fadenziehender Eigenschaft feststellen, der ähnlich aussieht wie das Eiweiß des rohen Eies („Eiklar") = „Eiweiß-Schleim"?: _____

Welche Beschreibung würden Sie vorziehen, „Eiweiß-Schleim" oder den Ausdruck „glasig", oder würden Sie eine andere Beschreibung vorschlagen?: _____

Können Sie Unterschiede innerhalb des Zeichens S feststellen und wie würden Sie diese beschreiben?: _____

Falls ein „Eiweiß-Schleim" (oder eine „glasige" Absonderung) nicht feststellbar ist, können Sie das Zeichen S wenigstens in irgendeiner anderen Form beobachten und wie würden Sie Ihr Zeichen S beschreiben? _____

Man sollte herausfinden, ob unmittelbar im Anschluss an die Regelblutung Tage sind, an denen ein ausgesprochenes Gefühl der Trockenheit eigens empfunden werden kann und nicht nur ein Fehlen einer Absonderung. Könnten Sie die „trockenen Tage" eigens empfinden?: _____

Halten Sie es aufgrund Ihrer persönlichen Beobachtungen für möglich, dass Sie zu Beginn des Zyklus bis zum Auftreten des Zeichens f unfruchtbare Tage annehmen könnten?: _____

Genügt Ihnen zur Beurteilung des Zeichens **S** die rein gefühlsmäßige Empfindung des Zeichens **S**, ohne dass Sie z. B. Toilettenpapier verwenden?: _____

Wurde bei Ihnen am äußeren Muttermund einmal eine „Verschorfung" oder eine „Elektro-Koagulation" vorgenommen? Wann? _____

Oder – falls Sie dies wissen – wurde am Muttermund eine „Konisation" vorgenommen?: _____

II. FRAGEN ZUR MESSUNG DER AUFWACHTEMPERATUR

Welches Thermometer verwenden Sie?: _____

(Wenn vorhanden, bitte Beipacktext übersenden; vor allem bei einem elektr. Thermometer mit Digitalanzeige oder dgl.)

Messen Sie durch Einführen des Thermometers in den Darm (so genannte rektale Messung)?: _____ mindestens 5 Min. lang?: _____

oder welche andere Art der Messung führen Sie durch?: _____

Messen Sie immer sofort nach dem Erwachen?: _____

Um welche Uhrzeit messen Sie für gewöhnlich?: _____

Welche früheste Uhrzeit kommt in Frage?: _____

Welche späteste Uhrzeit kommt in Frage?: _____

Wenn die Uhrzeit von einem Tag zum anderen um mehr als 1½ Stunden verschieden ist oder nach 7.30 Uhr liegt, dann soll die Uhrzeit eingetragen werden. Wann wird das Thermometer, „hinuntergeschüttelt"? _____

Wird immer dasselbe Thermometer verwendet?: _____

Wird das Thermometer sofort nach dem Messen abgelesen?: _____

Kommt es vor, dass Sie nach dem Aufwachen zuerst aufstehen, sich wieder niederlegen und dann erst messen?: _____

Geben Sie die ungefähre Dauer Ihrer Nachtruhe (Schlaf) an:

von _____ bis _____ Uhr.

III. WICHTIGE ERGÄNZENDE ANMERKUNGEN

Das Zeichen **X** bedeutet stets eine volle eheliche Vereinigung mit Samenerguss in die Scheide der Frau. Abweichungen davon sollen mit jenen Zeichen angegeben werden, wie sie im Buch in Tabelle 12 erklärt sind. Haben Sie das Zeichen **X** immer richtig und seiner Bedeutung gemäß eingetragen?: _____

Das Zeichen **X** sollte zumindest an zwei wichtigen Tagen eingetragen werden, und zwar an jenem Tag, bis zu dem zu Beginn des Zyklus voller ehelicher Verkehr war, und an dem Tag, ab welchem nach Ablauf der fruchtbaren Tage der volle eheliche Verkehr wieder aufgenommen wurde. Irgendwelche Intimbeziehungen an den fruchtbaren Tagen sollten mit den entsprechenden Zeichen vermerkt werden. Es möge bedacht werden, dass trotz Anwendung empfängnisverhütender Maßnahmen an den fruchtbaren Tagen eine Schwangerschaft eintreten kann.

Sehr geehrte Frau Kollegin! Sehr geehrter Herr Kollege!

In internationaler Sicht besteht ein zunehmendes Interesse an der Natürlichen Empfängnisregelung. Bei der Weltgesundheitsorganisation in Genf ist eine eigene Arbeitsgruppe tätig, die sich mit der Weiterentwicklung der Lehre von den fruchtbaren und unfruchtbaren Tagen der Frau befasst. Die modernen Formen der „Zeitwahl" unterscheiden sich grundlegend von der veralteten und unzuverlässigen „Methode Knaus-Ogino", ja sie sind sogar über die alleinige Messung der Aufwachtemperatur hinausgewachsen, beziehungsweise können unter bestimmten Umständen sogar auf die Temperaturmessung verzichten. Am verlässlichsten ist die sympto-thermale Methode.

Wenn die Zeitwahl als partnerschaftlicher Weg nicht nur von der Frau allein angenommen wird und wenn die entsprechenden Informationen zur Verfügung stehen, erreicht die Zuverlässigkeit der modernen Formen der Zeitwahl jene der „Pille". Unter fachkundiger Anleitung ist es für jede Frau möglich, mit Hilfe der sympto-thermalen Methode eine Schwangerschaft mit Sicherheit zu vermeiden.

Es wäre allerdings eine Überforderung der Kollegen, wenn man die notwendige Unterweisung allein von der ärztlichen und frauenärztlichen Praxis erwarten wollte. Es ist nicht daran gedacht, die ohnehin bereits überforderte ärztliche Praxis mit einem zusätzlichen Unterrichtsprogramm zu belasten. Die Patientin, die Ihnen diesen Brief überreicht, steht bereits inmitten eines entsprechenden Lernprozesses der Natürlichen Empfängnisregelung und kann bei Bedarf jederzeit ergänzende Informationen erhalten. Es soll mit diesem Brief nur die Bitte ausgesprochen werden, den neuen Aspekten der Natürlichen Empfängnisregelung Ihr wohlwollendes Interesse entgegenzubringen. Weitere Informationen mögen Sie dem Buch entnehmen, aus dem dieser Brief entnommen ist, sowie einer Kurzinformation für Ärzte, die bei jeder INER-Landesorganisation angefordert werden kann (www.iner.org).

Im 1996 erschienenen Band 2 (Endokrinologie und Reproduktionsmedizin II) der Klinik der Frauenheilkunde und Geburtshilfe wird auf Seite 256 zur sympto-thermalen Methode ausgeführt: „Dieses Verfahren geht auf den Österreicher Rötzer zurück, der die Methode erstmals 1968 beschrieb ... die Zuverlässigkeit reicht fast an 100 % heran."

147

Bei Diedrich (Hrsg), Gynäkologie und Geburthilfe, Springer 2000, heißt es auf Seite 64: „Symptothermale Methode nach Rötzer (1968) ... zählt zu den sicheren kontrazeptiven Methoden."

Helfen Sie uns bitte, diese sympto-thermale Methode, wie sie in unseren Beratungsstellen angeboten wird, noch mehr bekannt zu machen.

Mit kollegialer Hochachtung

Prof. Dr. Josef Rötzer e. h.

Dieser Brief wurde entnommen aus dem Buch:

„Natürliche Empfängnisregelung: Die sympto-thermale Methode – gesund, sicher, partnerschaftlich" (Verlag Herder)

Weiterer Buchhinweis:

In der Publikation des Autors Prof. Dr. med. Josef Rötzer/ Elisabeth Rötzer mit dem Titel „Die Frau und ihr persönlicher Zyklus", 3. neu bearbeitete Auflage 2014, ISBN 978-3-902336-01-9, finden Sie umfassende Literaturangaben zur modernen Zyklusforschung und eingehende Beschreibungen von verschiedenen möglichen und durchaus normalen Zyklusverläufen, die in verschiedenen Lehr- und Handbüchern der Gynäkologie kaum dargestellt werden.

Anmerkung:

Nach dem Tod von Prof. Dr. med. Josef Rötzer betreut der medizinische Beirat von INER Prof. Rötzer e. V. die medizinischen Fragen all jener Frauen und Paare, die die sympto-thermale Methode nach der NER Rötzer leben.

Messung: rektal ☐   vaginal ☐   oral ☐

Name:

Anzahl der bisher beobachteten Zyklen:

geb.:

Kürzester Zyklus:

Blatt:

Früheste 1. Höhere Messung:

1.Tag | 2. | 3. | 4. | 5. | 6. | 7. | 8. | 9. | 10. | 11. | 12. | 13. | 14. | 15. | 16. | 17. | 18. | 19. | 20. | 21. | 22. | 23. | 24. | 25. | 26. | 27. | 28. | 29. | 30. | 31. | 32. | 33. | 34. | 35. | 36. | 37. | 38. | 39. | 40.

X
S

6
37,5
4
3
2
1
37,0
9
8
7
6
5
4
3
36,2

1. Tag | 2. | 3. | 4. | 5. | 6. | 7. | 8. | 9. | 10. | 11. | 12. | 13. | 14. | 15. | 16. | 17. | 18. | 19. | 20. | 21. | 22. | 23. | 24. | 25. | 26. | 27. | 28. | 29. | 30. | 31. | 32. | 33. | 34. | 35. | 36. | 37. | 38. | 39. | 40.

BU

🕐 = von der üblichen Zeit der Messung stark abweichende Uhrzeit (oder wenn nach 07.30 Uhr). - Falls Sie die Selbstuntersuchung des äußeren Muttermundes vornehmen, möchten Sie dies im untersten Bereich dieser Tagzeile eintragen, wo sich keine Temperaturlinien mehr befinden. Oder Sie verwenden diesen Raum für eine Beschreibung des Zervixschleimes (quer hineinschreiben).

BU = Selbstuntersuchung der Brust (am besten nach der Regelblutung).

Verwendung eines digitalen Thermometers?   Welches?:

Messung: rektal ☐   vaginal ☐   oral ☐

Name:

Anzahl der bisher beobachteten Zyklen:

geb.:

Kürzester Zyklus:

Blatt:

Früheste 1. Höhere Messung:

Kürzester Zyklus:

1.Tag	2.	3.	4.	5.	6.	7.	8.	9.	10.	11.	12.	13.	14.	15.	16.	17.	18.	19.	20.	21.	22.	23.	24.	25.	26.	27.	28.	29.	30.	31.	32.	33.	34.	35.	36.	37.	38.	39.	40.

X   6
37,5
         4
         3
         2
         1
37,0
         9
         8
         7
         6
         5
         4
         3
         36,2

🕐

1. Tag	2.	3.	4.	5.	6.	7.	8.	9.	10.	11.	12.	13.	14.	15.	16.	17.	18.	19.	20.	21.	22.	23.	24.	25.	26.	27.	28.	29.	30.	31.	32.	33.	34.	35.	36.	37.	38.	39.	40.

BU

🕐 = von der üblichen Zeit der Messung stark abweichende Uhrzeit (oder wenn nach 07:30 Uhr). – Falls Sie die Selbstuntersuchung des äußeren Muttermundes vornehmen, möchten Sie dies im untersten Bereich dieser Tagelle eintragen, wo sich keine Temperaturlinien mehr befinden. Oder Sie verwenden diesen Raum für eine Beschreibung des Zervixschleimes (quer hineinschreiben).

BU = Selbstuntersuchung der Brust (am besten nach der Regelblutung).

© 2021 aus: Rötzer, Natürliche Empfängnisregelung. Herder. Vervielfältigungen für den eigenen Gebrauch gestattet.

Verwendung eines digitalen Thermometers?   Welches?:

Messung: rektal ☐   vaginal ☐   oral ☐

Name:
Anzahl der bisher beobachteten Zyklen:

geb.:
Kürzester Zyklus:

Blatt:
Früheste 1. Höhere Messung:

1.Tag	2.	3.	4.	5.	6.	7.	8.	9.	10.	11.	12.	13.	14.	15.	16.	17.	18.	19.	20.	21.	22.	23.	24.	25.	26.	27.	28.	29.	30.	31.	32.	33.	34.	35.	36.	37.	38.	39.	40.

X   s

6
37,5
4
3
2
1
37,0
9
8
7
6
5
4
3
36,2

🕐

1. Tag	2.	3.	4.	5.	6.	7.	8.	9.	10.	11.	12.	13.	14.	15.	16.	17.	18.	19.	20.	21.	22.	23.	24.	25.	26.	27.	28.	29.	30.	31.	32.	33.	34	35	36.	37.	38.	39.	40.

BU

Verwendung eines digitalen Thermometers?   Welches?:

Messung: rektal ☐   vaginal ☐   oral ☐

Name:

Anzahl der bisher beobachteten Zyklen:

geb.:

Kürzester Zyklus:

Blatt:

Früheste 1. Höhere Messung:

1.Tag	2.	3.	4.	5.	6.	7.	8.	9.	10.	11.	12.	13.	14.	15.	16.	17.	18.	19.	20.	21.	22.	23.	24.	25.	26.	27.	28.	29.	30.	31.	32.	33.	34.	35.	36.	37.	38.	39.	40.

Temperaturskala (X / s):
6
37,5
4
3
2
1
37,0
9
8
7
6
5
4
3
36,2

1. Tag	2.	3.	4.	5.	6.	7.	8.	9.	10.	11.	12.	13.	14.	15.	16.	17.	18.	19.	20.	21.	22.	23.	24.	25.	26.	27.	28.	29.	30.	31.	32.	33.	34.	35.	36.	37.	38.	39.	40.
					BU																																		

🕐 = von der üblichen Zeit der Messung stark abweichende Uhrzeit (oder wenn nach 07:30 Uhr). – Falls Sie die Selbstuntersuchung des äußeren Muttermundes vornehmen, möchten Sie dies im untersten Bereich dieser Tagfelle eintragen, wo sich keine Temperaturlinien mehr befinden. Oder Sie verwenden diesen Raum für eine Beschreibung des Zervixschleimes (quer hineinschreiben).

BU = Selbstuntersuchung der Brust (am besten nach der Regelblutung).

© 2021 aus: Rötzer, Natürliche Empfängnisregelung. Herder. Vervielfältigungen für den eigenen Gebrauch gestattet.

Name:
Anzahl der bisher beobachteten Zyklen:

geb.::
Kürzester Zyklus:

Blatt:
Früheste 1. Höhere Messung:

Verwendung eines digitalen Thermometers? Welches?:

Messung: rektal ☐ vaginal ☐ oral ☐

1.Tag | 2. | 3. | 4. | 5. | 6. | 7. | 8. | 9. | 10. | 11. | 12. | 13. | 14. | 15. | 16. | 17. | 18. | 19. | 20. | 21. | 22. | 23. | 24. | 25. | 26. | 27. | 28. | 29. | 30. | 31. | 32. | 33. | 34. | 35. | 36. | 37. | 38. | 39. | 40.

X S

37,5
6 4 3 2 1
37,0
9 8 7 6 5 4 3
36,2

1. Tag | 2. | 3. | 4. | 5. | 6. | 7. | 8. | 9. | 10. | 11. | 12. | 13. | 14. | 15. | 16. | 17. | 18. | 19. | 20. | 21. | 22. | 23. | 24. | 25. | 26. | 27. | 28. | 29. | 30. | 31. | 32. | 33. | 34. | 35. | 36. | 37. | 38. | 39. | 40.

BU

🕐 = von der üblichen Zeit der Messung stark abweichende Uhrzeit (oder wenn nach 07:30 Uhr). - Falls Sie die Selbstuntersuchung des äußeren Muttermundes vornehmen, möchten Sie dies im untersten Bereich dieser Tagalle eintragen, wo sich keine Temperaturlinien mehr befinden. Oder Sie verwenden diesen Raum für eine Beschreibung des Zervixschleimes (quer hineinschreiben).

BU = Selbstuntersuchung der Brust (am besten nach der Regelblutung).

© 2021 aus: Rötzer, Natürliche Empfängnisregelung., Herder. Vervielfältigungen für den eigenen Gebrauch gestattet.

Verwendung eines digitalen Thermometers?   Welches?:

Messung: rektal ☐   vaginal ☐   oral ☐

Name:

Anzahl der bisher beobachteten Zyklen:

geb.:

Kürzester Zyklus:

Blatt:

Früheste 1. Höhere Messung:

	1.Tag	2.	3.	4.	5.	6.	7.	8.	9.	10.	11.	12.	13.	14.	15.	16.	17.	18.	19.	20.	21.	22.	23.	24.	25.	26.	27.	28.	29.	30.	31.	32.	33.	34.	35.	36.	37.	38.	39.	40.

Temperaturskala (x / s):
6 · **37,5** · 4 · 3 · 2 · 1 · **37,0** · 9 · 8 · 7 · 6 · 5 · 4 · 3 · **36,2**

	1. Tag	2.	3.	4.	5.	6.	7.	8.	9.	10.	11.	12.	13.	14.	15.	16.	17.	18.	19.	20.	21.	22.	23.	24.	25.	26.	27.	28.	29.	30.	31.	32.	33.	34.	35.	36.	37.	38.	39.	40.
							BU																																	

🕐 = von der üblichen Zeit der Messung stark abweichende Uhrzeit (oder wenn nach 07:30 Uhr). – Falls Sie die Selbstuntersuchung des äußeren Muttermundes vornehmen, möchten Sie dies im untersten Bereich dieser Tagzelle eintragen, wo sich keine Temperaturlinien mehr befinden. Oder Sie verwenden diesen Raum für eine Beschreibung des Zervixschleimes (quer hineinschreiben).

BU = Selbstuntersuchung der Brust (am besten nach der Regelblutung).

© 2021 aus: Rötzer, Natürliche Empfängnisregelung. Herder. Vervielfältigungen für den eigenen Gebrauch gestattet.